UNIVERSITÉ DE FRANCE.

ACADÉMIE DE STRASBOURG.

ACTE PUBLIC

POUR LA LICENCE,

PRÉSENTÉ

A LA FACULTÉ DE DROIT DE STRASBOURG,

ET SOUTENU PUBLIQUEMENT

LE VENDREDI 20 AOUT 1858, A 3 HEURES,

PAR

JEAN-BAPTISTE FLEURENT,

DE COLMAR (HAUT-RHIN).

STRASBOURG,

TYPOGRAPHIE DE G. SILBERMANN, PLACE SAINT-THOMAS, 3.

1858.

A MON PÈRE.

A MA MÈRE.

A MON ONCLE,

M. FLEURENT,

AVOCAT A LA COUR IMPÉRIALE DE COLMAR.

J.-B. FLEURENT.

FACULTÉ DE DROIT DE STRASBOURG.

MM. Aubry ✻, Doyen. . . . . Droit civil français.
    Hepp ✻ . . . . Droit des gens.
    Heimburger . . . . Droit romain.
    Thieriet ✻ . . . . Droit commercial.
    Schützenberger ✻. . . . . . . Droit administratif.
    Rau ✻. . . . . Droit civil français.
    Eschbach . . . . Droit civil français.
    Lamache ✻. . . . . Droit romain.
    Destrais. . . . . Procédure civile et législation crimin.

M. Blœchel ✻, professeur honoraire.

MM. Lederlin,   }
    Marinier, } professeurs suppléants provisoires.

M. Bécourt, officier de l'Université, secrétaire, agent comptable.

Président de la thèse, M. Hepp.

Examinateurs : MM. { Thieriet.
    Schützenberger.
    Marinier, sup. prov.

La Faculté n'entend approuver ni désapprouver les opinions particulières au candidat.

JUS ROMANUM.

De commodato.

(Dig., lib. XIII, tit. VI, Cod., lib. IV, tit. XXIII.)

PRIMA PARS.

De mutuo et commodato generaliter inspectis.

Obligationum apud Romanos hæc summa divisio : aut enim ex contractu sunt, aut quasi ex contractu, aut ex maleficio aut quasi ex maleficio. Quæ ex contractu nascuntur quatuor offerunt species : aut enim re contrahuntur, aut verbis, aut litteris, aut consensu. Quæ non capiunt substantiam, nec obligationem producunt nisi traditio rei, ad consensum accedens, interveniat, re dicuntur iniri. Hujusce modi inter contractus numerantur qui a romanis mutui et commodati datio appellabantur. Quibusdam, scilicet rei traditione et reddendi obligatione similes, plurimis differunt (L. 1, Dig., *De oblig. et act.*). De his generaliter primum agendum erit.

Mutuum contrahitur, cum res pondere, numero, mensurâve constantes hac lege dantur accipiunturque, ut *ejusdem generis tantumdem* restituatur, Commodatum autem dicimus, cum res gratis datur, certo modo utenda, hoc pacto ut finito usu *species data* recipiatur. Ex quo consequitur mutuo non easdem res quæ datæ sunt et quæ accipientis factæ sunt, reddi, sed alias ejusdem naturæ et qualitatis; unde etiam mutuum appellatum sit, quia a me tibi datur, ut *ex meo tuum* fiat. Sed is cui res aliqua commodata est, ab eo qui mutuum accepit, etsi ambo reddendi obligatione teneantur, longè distat; namque non ita res datur ut ejus fiat, et ob id de ea re ipsa restituenda tenetur. Mutui datio, rerum ipsa natura, in iis rebus præsertim consistit, quæ ipso usu consumuntur, veluti vino, oleo, frumento, pecunia numerata, aere, argento. Plerumque contrà non potest id quod primo usu consumitur commodari; omnia tamen hoc contractu ex contrahentium voluntate et arbitrio pendent; nam si forte numeratam pecuniam ad pompam et ostentationem quis accipiat, commodati actione, non ex mutuo condictione tenebitur. Si quis igitur scire velit, an res mutuo vel commodato data fuerit, non rei datæ naturam sed contrahentium animum et destinationem inspiciendum (Inst., prœem., et § 2, *Quib. mod. re contrah. oblig.*; L. 3, § 6, Dig. Commod.).

Dominium rerum mutuo datarum una cum periculo transit in accipientem, qui, si quolibet fortuito casu, id quod accepit, amiserit, nihilominus obligatus permanet, nam genera nunquam pereunt. Itemque eum mutui dationi insit alienatio, intelligitur qui alienandarum rerum non habeat potestatem, eum nec mutuo dare posse. Qui accepit contrà rei commodatæ exactissimam etsi diligentiam præstare jubeatur, propter majoremvim, majoresve casus non tenetur; si modo non hujus ipsius culpa aut negligentia is casus intervenerit, nam rei certæ interitu liberatur debitor. Rei commodatæ et proprietatem et possessionem retinemus, itaque etiam a non domino commodari res potest, tametsi sciens alienam, possideat (Inst., § 2, ibid., L. 8 et 15, Dig., ibid.).

Commodata res intelligitur, cum nulla mercede interveniente vel constituta, res utenda data est; alioqui mercede accepta, locatio conductio contractus videtur, vel contractus innominatus. Gratuitum enim debet esse commodatum. Mutui vero datione de usuris solvendis inter se partes convenire possunt, quod quidem stipulationibus fieri plerumque necesse erat; sed tunc in fœnoris naturam et nomen transit contractus (Inst., § 2, ibid., L. 1, Cod., *De usuris.*).

Differt a donatione commodatum eo quod qui donat sic dat ne recipiat, at qui utendam rem dat sic dat ut res finito usu restituatur (arg. L. 1, Dig., *De precar.*). Differt a deposito quod res deposito tradita custodiæ tantum causa datur, a pignore quod non usus pignore sed securitatis gratiâ traditur res.

Alium quoque contractum commodato simillimum reperimus precarium. Precarium est quod precibus utendum conceditur, tamdiu quamdiu is qui concessit, patitur. Quod genus a commodato differt, quod species commodata ad certum ac definitum datur usum, res vero precario data a domino, ut libet, revocari potest (L. 1, prœem., Dig., *De precar.*). Sid nunc de commodato speciatim loquamur.

PARS SECUNDA.

De commodato specialiter.

CAPUT PRIMUM.

QUO MODO CONTRAHITUR COMMODATUM.

Commodatum, ut supra diximus, est contractus re quo alteri rem ad certum ac definitum usum, gratis ea lege tradimus ut eam finito usu ipsa specie restituat. Ut commodatum igitur substantiam capiat, et perficiatur, tria hæc essentialiter requiruntur :

1° Res tradi quæ natura, aut contrahentium animo et destinatione in specie restituatur. Qua rei traditione neque dominium neque aliud jus in re acquiritur, sed naturalis tantum transfertur detentio; nam rei commodatæ et proprietas et possessio quoque retinetur (L. 8, Dig. Commod.). Si qua res explorandi vel videndi vel æstimandi gratia tradatur, non commodatur (L. 1, §2, Dig., *De transcr. verb.*). Sed ad quem libet usum res tradi potest; nihil hoc refert, dum nihil pactio contrà leges vel bonos mores contineatur. Contractum igitur vim habere, et commodati dari actionem dicendum est, et si ad usum tradatur omnino insolitum, veluti si commodatur debitori ut creditori pignori res commodata detur (L. 5, § 12, Dig., ibid., L. 3, Cod. de Commod.).

2º Usum rei commodatæ aut tempore aut genere definiri. Usu non definito, in precarium transit contractus (arg. L. 12, prœem., Dig., *De prec.*, L. 17, § 3, Dig., Commod.).

3º Usum promissum gratis concedi. Nam, si de pretio inter partes convenerit negotium fit locatio conductio vel contractus innominatus. Honorarium tamen interveniens contractui non tollit naturam; honorarium enim a mercede diffet quod hæc conventione definiatur; tantum honorarium admittunt quæ æstimationem haud recipiunt, veluti beneficia (arg. L. 6, prœem., Dig. Mandat.).

Plerumque solius hujus qui accepit spectat utilitatem commodatum; sed aliquando quoque solius qui dat, vel utriusque et qui dat et qui accipit commodum suspicit; veluti si quis ludos edens prætor scenicis commodavit, vel si quis sponsæ forte suæ quo honestiùs culta ad se deduceretur, vel si communem amicum ad cœnam invitaverimus, tuque ejus rei curam suscepisses et ego tibi argentum commodaverim (L. 5, §§ 2 et 10, L. 18, Dig., ibid.).

Finitur regulariter nec commodantis nec commodatarii morte commodatum, sed jura ex hoc contractu orta transeunt ad hæredes, nisi commodatarii personæ contemplatione commodatum fuerit.

CAPUT SECUNDUM.

DE IIS REBUS QUÆ COMMODARI POSSUNT.

Omnes res quæ sunt in commercio et specialiter quæ ipso usu non consumuntur commodari possunt, non solum mobiles sed etiam immobiles, res soli quoque, habitationem etiam commodari posse quidam existimabant jurisconsulti (L. 1, §1, Dig. Commod., L. 17, Dig., *De prœscr. verb.*). Commodato etiam habentur incorporales res quæ tantum in jure consistunt velut servitus (arg. LL. 3 et 15, § 2, Dig., *De prec.*).

Non commodatur plerumque id quod usu consumitur nisi forte ad pompam vel ostentationem quis accipiat : utputa si vasa prætiosa dantur quo alter ditior appareat, aut pecunia numerata ut numerationis gratia intercedat (L. 3, § 6, et L. 4, Dig., ibid.).

Non necesse est commodanti dominium rerum datarum esse; commodari possumus rem alienam quam possidemus et si scientes alienam possideamus, ita ut, si fur vel prædo rem vi arreptam commodavit, habeat commodati actionem (LL. 15 et 16, Dig., ibid.). Sic distinguitur præsertim commodatum a mutuo, quo res aliena nequit dari quia mutuo insit alienatio, et nemo plus juris in alium transferre possit quam ipse habeat. Sed rei suæ commodatum esse non potest; si tamen alicui rei usufructus esset, idem proprietatis domino rem utendam dare posset.

Ob turpem causam aut ad usum legibus constitutionibusque contrarium commodare non licet. Quod si turpis causa accipientis fuerit, res repeti posset; si vero dantis et accipientis turpitudo versatur utriusque, non posse repeti dicendum. Tunc enim melior causa possidentis (L. 3, Dig., *De cond. ob. turp. caus.*).

CAPUT TERTIUM.

COMMODATI VIS ET EFFECTUS.

Ex commodato primum mutua nascitur obligatio inter illum qui dedit, et illum qui accepit, ita ut principaliter et ab initio unus statim obligetur alter vero post facto et secundario. Sed nunc primum de hujus qui accepit obligationibus disserendum.

SECTIO I.

De commodatarii obligationibus.

Rem primum debet servare qui accepit, et eo tantum modo uti quo præscriptum fuerit, tunc, finito usu, rem in specie restituere. Nunc de re servanda videamus.

§ 1. Cum utilitas commodatarii omnis, commodantis vero nulla est, omnem culpam etiam levissimam præstat commodatarius; nam in rebus commodatis talis diligentia præstanda est qualem quisque diligentissimus pater familias suis rebus adhibet (L. 18, prœem., Dig., Commod.).

Diligentia non tantum in re præstanda est sed etiam in iis quæ rem sequuntur, fructus, lucrum; ut puta si equam commodata est quam pullus comitabatur etiam pulli custodia præstatur (L. 9, Dig., ibid.).

Si forsar res unice commodantis, vel in utriusque utilitatem fuerit commodata, ut supra jam diximus, tunc hoc casu levis, illo lata solum culpa, id est dolum aut negligentia gravis, præstatur. Convenire possunt inter se quoque partes eum qui rogat dolum tantum suscipere; sed hæc, ne dolus præstatur, pactio rata non est (LL. 12 et 18, L. 17, Dig., ibid.).

Si vero quid senectute contigerit, vel morbo, aut si vi latronum res ereptâ erit, dicendum est nihil eorum ei qui accepit imputandum esse; proinde etsi incendio vel ruina res perierunt non tenebitur; nisi casus culpa sua accidérit, velut si res negligentiâ sua a latronibus erepta est aut si in hoc res commodata est alicui, quod is amicos ad cœnam invitaturum se diceret, cumque is peregre suum portaverit et res perierit tunc procul dubio casum præstare debet. Item in culpa erit et tenebitur cum possit res commodatas salvas facere suas vero prætulit (L. 18, L. 21, §1, Dig., ibid.).

Quod si damnum rei commodatæ in via illatum sit dum perfertus: tum distinguitur an præferatur per famulum ipsius commodantis an vero commodatarii. Priori casu si quidem dominus famulo suo dari jussit, domino perit, secùs si commonendi gratiâ tantum misit (L. 12, § 1, Dig., ibid.). Posteriori vero casu, interest an commodans mandaverit per quem commodatarius et periculum spectat ad commodantem. Si vero commodatarius, cui voluit, commisit, culpam præstare debet: dum non tum idaneum hominem elegit, perquem perferri possit (L. 10, § 1, et L. 11, Dig., ibid.). Hinc si commodatarius tam idoneo servo tradiderit ut non debuerit quis existimare futurum ut deciperetur, tunc periculum ad commodantem spectat (L. 20, ibid.).

Commodatarium quoque fortunam futuri damni in se suscepturum promittere licet, nihil enim huic pacto contra æquitatem inest (L. 1, Cod. de Commod.). Et si res æstimata sit omne periculum præstandum ab eo qui æstimationem se præstatarum recepit (L. 5, § 3, Dig., ibib.). Æstimatio autem periculum facit ejus qui suscepit.

§ 2. In utendum modum præscriptum servare qui accepit debet. Qui rebus commodatis aliter quam utendas accepit utitur, furtum usus committit, et non tantum commodati verum etiam furti tenebitur actione; sed ut furti teneatur, necesse est id se invito domino facere, cumque non si intellexisset permissurum (L. 5, § 8, ibid., L. 40, Dig., *De furtis.* Gaius. *Com.* IV, Inst., § 197). At si hoc sibi permissum credat, extra crimen videtur quia sine affectu furandi et dolo molo non furtum committitur. Si tamen credat aliquis, domino invito se rem commodatam sibi contractare, domino autem volente id fecit, dicitur furtum non fieri (Inst. L. 4, t. 1, §§ 7 et 8.).

Eum qui commodatam rem accepit, si in eam rem usus est, in quam accepit, nihil præstare, si nulla parte eam culpa sua deteriorem fecit, verum est (L. 10, Dig., ibib.). Si res usu permisso perierit sed nullo culpa sua non tenebitur.

§ 3. Rem in specie restituere debet qui accepit. Si dies a contrahentibus designatum, illa die restituetur; si non de die pactum fuerit, usu ad quem commodata fuerit finito, restituetur. Sunt quoque qui putant dominum, et nondum impleto tempore vel usu, rem repetere posse, scilicet ob proprii usus tantum necessitatem (arg. L. 3, Cod., *De locat.*). Rem restituere debet commodatarius commodanti vel procuratori suo.

Quantum poterit rem restituet commodatarius integram, salvam, in eo statu quo accepit; nam si res deterior redditur non reddita videbitur, redditum propriè enim non dicitur quod deterius redditur. Si enim mediocris deterioratio, res tradenda una eum deteriorationis æstimatione, si vero enormis vel plane inutilis facta fuerit res, tunc commodanti solvenda est rei æstimatio nec eidem invito similis res offerri potest (L. 3, § 3, Dig., ibid.).

Impensas in rei conservationem factas ferri debet commodatarius si earum quantitas pretium pro usu rei aliàs solvendum non excedit. Sed si sumptus haud modicos in rem feecrit, donec ei satisfactum fuerit, rem retinere potest, quasi pignoris loco; quod si dominus eam subripiat, adversus illum furti dabitur actio.

SECTIO II.

De commodantis obligationibus.

Et commodans, pro sua parte, ex commodati negotio obligari potest. Sed dum commodatarius quidem omnem, commodans vero tantum modo latam culpam præstat; nisi aut utriusque contrahentis vel in solius commodantis utilitatem initus sit contractus. Tantum tenetur ad indemnitatem :

1° Si rem ad usum non aptam vel nocivam dedit utputa si quis sciens vasa vitiosa commodavit, si ibi infusum vinum vel oleum corruptum effusum ve est, aut si quis sciens servum, qui furtum facere solitus erat, ignoranti commodavit (L. 18, §§ 3 et 22, Dig., Commod.).

2° Si ante finitum usum absque justa causa rem repetiit. Voluntatis enim et officii magis quam necessitatis est commodare : cum autem quis commodavit tunc usum intempestivè non officium tantum impedit, sed et suscepta obligatio : adjuvari quidem nos non decipi beneficio opportet (L. 17, § 3, Dig., ibid.). Quibusdam quoque jurisprudentibus commodantem rem repetere posse ob proprii usus necessitatem, usu non finito, visum est, nam beneficium suum cuique damnosum non esse debet (arg. L. 3, Cod., *De loc.*).

3° Si sumptus haud modicos in rem commodatam fecerit commodatarius. Sic agere potest commodatarius de impensis in valitudinem servi factis aut de his quæ post fugam requirendi reducendique ejus causa facta essent; nam modicæ impensæ velut cibariorum, naturali scilicet ratione, ad eum qui accepit pertinent et qui utitur.

4° Si æstimationem rei culpa commodatarii amissæ accepit, et postea rem iterum recuperavit. Rem perdidi commodatam et dedi pretium; deinde res in potestate tua venit; aut rem contrario judicio mihi præstare debere, aut quod a me accepisti reddere, visum est (**L.** 17, § 5, Dig., ibid.).

CAPUT QUARTUM.

DE COMMODATI ACTIONIBUS.

Duplex ex hoc contractu descendit actio commodati altera directa, altera contraria. Illa commodans adversus commodatarium ejusve heredes, hac commodatarius adversus commodantem ejusve heredes obligationes ex commodati negatio ortas persequitur. Commodanti compensationem opponere nequit, et prætextu debiti restitutio commodati non probabiliter recusatur (L. 4, Cod., *De commodat*). Sed si debitoris culpa res perierit et commodans pecuniæ debitor factus sit, tum objici posse compensationem dicendum.

Impuberes actione commodati non tenentur, quoniam nec constitit in pupilli persona sine tutoris auctoritate commodatum, usque adeo ut etiam si pubes factus dolum aut culpam admittat, hac actione non tenetur quia ab initio non consistit (L. 1, § 2. Dig., ibid.). Nec in furiosum commodati actio danda est; sed ad exhibendum adversus eos dabitur ut res exhibita vindicetur. Sed si minor locupletior factus sit, velut si rem vendidit commodatam pretium que recepit, dandam utilem commodati actionem videtur (L. 3, prœem., Dig. Commod.).

Commodati actio directa adversus singulos heredes datur prorata et portione hereditaria, nisi unus totius rei restituendæ facultatem habeat (L. 3, § 3, Dig., ibid.). Adversus plures commodatarios in solidum datur actio, nam omnes reos habet commodans (L. 15, § 5, Dig., ibid.).

CAPUT QUINTUM.

DE PRECARIO.

Nunc pauca de contractu commodato simillimum, id est, de precario dicendum. Precarium est contractus quo res alieni roganti gratis utenda conceditur tamdiu quamdiu is qui concessit patiatur (L. 1, prœem., Dig., *De prec.*). In precario igitur usus ad concedentis nutum revocabilis versatur, quo præsertim a commodato differt.

Habere precarii videtur qui possessionem corporis vel juris adeptus est ex hac solum modo causa quod preces adhibuit, et impetravit ut sibi possidere uti liceat (L. 2, §3, Dig., *De prec.*). Precario quoque possidere videtur non tantum qui per epistolam vel quacunque alia ratione hoc sibi concedi postulavit, sed et is qui nullo voluntatis indicio, patiente domino, possidet (Paul., *Sentent. recept.*, L. 5, t. 6, § 11).

Precarium aut suis viribus constare aut aliis potest adjici negotiis. Cum autem certis negotiorum formis haud contineretur precarium, adeoque nec actio illius nomine esset, nisi de re restituenda nominatim esset cautum, primum prætores instituerunt, ut interdicto uti liceret precario danti eique rem recipere volenti adversus accipientem heredesve ejus (L. 2, Dig., ibid., L. 19, §2, ibid.). Postea prudentum interpretatione etiam præscriptis verbis actio, similis illa commodati actionis, adita est, quæ quidem et incerti condictio vocatur (L. 1, §§ 22 et 39, Dig., *De præscr. verb.*).

Omnino autem lata culpa tantum modo præstanda est ab eo, qui precario accepit, nec inmerito, cum totum hoc ex liberalitate descendat ejus qui precario concessit, et satis sit si dolum tantum præstetur.

Cum tempus quidem quo res repeti nequeat adjicitur precariæ concessioni, hæc est commodati negotium æstimanda.

DROIT CIVIL FRANCAIS.

Du prêt en général et du commodat particulièrement.

(Code Napoléon, art. 1874-1891.)

Du prêt en général. — Ses espèces.

La plupart des contrats ont pour cause l'intérêt, le désir de réaliser un gain ou de se procurer un avantage; mais le droit reconnaît aussi les conventions formées dans l'unique but d'obliger quelqu'un, de lui rendre service. Le prêt est un de ces contrats de bienfaisance. Il procède du même ordre de dispositions bienveillantes que la donation; il dépouille l'un pour profiter à l'autre, il tire de la générosité ses règles distinctives et son caractère particulier. *Voluntatis et officii magis est quam necessitatis commodare* (L. 17, § 3, Dig. Commod.).

L'importance du prêt a été signalée en ces termes par le tribun Albisson (Discours au Corps législatif, séance du 18 ventôse an XII) : « La « société ne s'est formée et ne subsiste que par la réciprocité des besoins « et l'échange continuel des services. L'inégalité, jointe à l'insuffisance « des moyens individuels, en est le ressort le plus actif, et la bienfaisance, « la commisération, la bienveillance en sont le plus ferme soutien. Parmi « les différentes manières dont les hommes peuvent s'entr'aider et subvenir à leurs besoins, le prêt doit singulièrement attirer l'attention « du législateur, comme un des plus propres à faciliter entre eux la « communication bénévole de ce qu'ils possèdent respectivement, et « dont il importe par conséquent de prévenir les abus que la cupidité « et la mauvaise foi pourraient en faire. »

Le prêt est un contrat du droit des gens. Il ne tire pas son origine des combinaisons artificielles des lois positives; la nature sociale de l'homme en est la source, et le répand chez toutes les nations quel que soit le degré de civilisation auquel elles soient parvenues. Il est un fragment de ce fonds commun d'idées, de rapports et de préceptes qui forment le droit universel (M. Troplong, *Du prêt*, n° 5).

Dans un sens général, prêter une chose (du mot latin *præstare*, procurer, faire avoir), c'est se priver momentanément de la possession de cette chose pour en transmettre l'usage à autrui. Mais, par la nature même des choses, le prêt peut avoir lieu de deux manières. Quand l'emprunteur contracte l'obligation de rendre la chose même qui lui a été prêtée, le prêt s'appelle *commodat* ou prêt à usage. S'il contracte l'obligation de rendre une chose pareille, qui tienne lieu de la chose prêtée, le prêt prend le nom de *mutuum* ou prêt de consommation. Il ne faut pas confondre ces deux contrats; car, de la distinction que nous venons d'établir résultent des conséquences très-importantes, surtout au point de vue des risques de la chose prêtée; mais comment les reconnaîtra-t-on?

A ne consulter que les textes, il semble que, dans la pensée de la loi, le prêt à usage est celui qui a pour objet des choses dont on peut user sans les détruire, telles qu'un meuble, une maison (C. Nap., art. 1874, 1878); que le prêt de consommation, au contraire, est celui qui a pour objet des choses qui se consomment par l'usage qu'on en fait, telles que des denrées, de l'argent (art. 1874, 1892). Ce serait donc la nature de la chose prêtée qui déterminerait l'espèce du prêt que les parties ont formé.

Cette théorie du Code n'est pas exacte; la distinction entre les choses qui se consomment et celles qui ne se consomment pas par le premier usage, n'est pas juste; car, on peut fort bien retirer un certain usage des choses qui, d'après l'art. 1874, se consomment par l'usage qu'on en fait, sans les détruire; ainsi, quand un changeur emprunte des pièces d'argent pour les étaler devant sa boutique, il en use sans les consommer.

La nature de la chose prêtée importe peu , si l'intention des parties a été de former tel ou tel contrat; ce qu'il faut rechercher, c'est la nature de l'usage que les parties ont eu en vue.

En effet, le but du prêteur, dans le prêt à usage comme dans le prêt de consommation, est toujours de procurer à l'emprunteur l'usage de la chose pendant un certain temps. Si l'usage, pour lequel la chose est prêtée, est de telle nature qu'il puisse avoir lieu sans la détruire, le prêt peut se former sans qu'il soit nécessaire de transférer à l'emprunteur la propriété de la chose; il suffit de la lui livrer; le prêteur alors en reste propriétaire, et l'emprunteur contracte l'obligation de la rendre après qu'il en aura retiré l'usage convenu. Le contrat est un prêt à usage. Si, au contraire, l'usage que les parties ont eu en vue est de telle nature qu'il ne puisse avoir lieu sans consommer la chose, le prêt ne peut se former qu'autant que la propriété en passera à l'emprunteur; car, on ne peut pas consommer une chose sans en être propriétaire. Le prêteur, dans ce cas, aliéne sa chose et l'emprunteur en devient propriétaire, en contractant en même temps l'obligation de rendre au terme fixé une chose pareille à celle qu'il a reçue, une chose de même nature, qualité et bonté. Le contrat est un prêt de consommation.

C'est donc la volonté, l'intention des parties qui imprime au contrat son caractère. Si les parties ont expressément déterminé l'usage auquel elles entendent faire servir la chose, aucune difficulté n'est possible. Si elles n'ont rien dit à cet égard, il faudra s'attacher à interprêter leur convention; ce qui se fera en considérant la qualité de l'emprunteur, la nature de la chose, sa destination habituelle, les circonstances enfin qui ont accompagné le contrat.

De ce que le prêt est un contrat de bienfaisance, il s'ensuit qu'il est gratuit. Mais si la gratuité, le désintéressement en étaient toujours un élément inséparable, il se trouverait renfermé dans un cercle étroit. Le prêt de consommation, le prêt d'argent surtout n'aurait presque jamais lieu. Il a donc fallu, pour faciliter ces conventions, permettre au prêteur de stipuler un avantage en retour de celui qu'il procure à l'emprunteur : de là le prêt à intérêt qui n'est qu'une variété du prêt de consommation. Mais le prêt à usage reste toujours essentiellement gratuit. C'est de ce contrat que nous allons nous occuper spécialement.

———

Du commodat en particulier.

NOTIONS GÉNÉRALES.

DES CONDITIONS NÉCESSAIRES A L'EXISTENCE ET A LA VALIDITÉ DU COMMODAT.

Le commodat ou prêt à usage, est un contrat par lequel l'une des parties livre gratuitement une ou plusieurs choses à l'autre partie qui les reçoit pour en retirer un usage qui ne les consommera pas, et lui permettra de les rendre dans leur individualité, au terme expressément ou tacitement convenu (C. Nap., art. 1875, 1876, 1888).

Outre les conditions essentielles nécessaires à la validité de tout contrat, telles que le consentement, la capacité, etc., il faut, pour que le commodat puisse exister, certaines conditions spéciales. Nous allons successivement les énumérer :

1° Il faut qu'une des parties livre une chose à l'autre. En effet, c'est de la tradition que naissent tous les droits et toutes les obligations de l'emprunteur. Sans elle, il ne pourrait ni user de la chose, ni la conserver, ni la restituer. Le commodat est donc un contrat réel en ce sens que les obligations qui lui sont propres, ne peuvent prendre naissance que par la livraison même de la chose; mais, sous tous autres rapports, le consentement seul suffit pour obliger les parties. Le contrat n'est pas réel dans le sens du droit romain, et il est certain que la simple promesse suivie d'acceptation de prêter une chose à titre de commodat, ne doit pas, comme en droit romain, être dénuée de tout effet, jusqu'à la livraison de la chose. C'est une promesse civilement obligatoire qui ne se résout pas toujours en dommages-intérêts, et, si la chose promise est une chose certaine et déterminée, qui se trouve entre les mains de l'auteur de la promesse, les tribunaux peuvent en ordonner la saisie et la remise à l'emprunteur. C'est ainsi qu'il a été jugé par un arrêt de la Cour de Colmar, en date du 8 mai 1845, que la promesse de livrer un local pour l'affecter à un service de transport, lorsqu'elle a été consentie sans stipulation de prix, constitue une promesse de commodat qui doit recevoir son exécution conformément à l'intention des parties, sans qu'elle puisse se résoudre en dommages-intérêts (Dalloz, *Jurisp. génér.*, v° *Prêt*, n° 12).

Du reste, quoique l'emprunteur puisse contraindre le prêteur à lui livrer la chose qui fait l'objet de la convention lorsqu'elle est un corps certain, le prêteur peut se refuser à effectuer cette livraison, si un besoin imprévu de cette chose lui survient tout à coup mais postérieurement à l'époque où il s'est engagé (art. 1889).

La tradition de la chose peut n'être que fictive : elle peut avoir lieu par le seul consentement des parties; ainsi un déposant peut autoriser le dépositaire à se servir de la chose qui lui a été confiée; ce dernier est alors tenu non plus comme dépositaire, mais en qualité de commodataire (Pothier, *Traité du prêt à usage*, n° 6).

La tradition, qu'elle soit réelle ou fictive, ne confère à l'emprunteur que la détention matérielle de la chose avec le droit de s'en servir à l'usage convenu; mais l'emprunteur conserve tous les droits qui lui appartenaient avant le contrat: il reste propriétaire et même possesseur de sa chose: *Rei commodatæ*, disait Pomponius, et *proprietatem et possessionem retinemus* (L. 8, Dig. Commod., art. 1877).

2° Il faut que l'emprunteur ne concède que l'usage de la chose qui forme l'objet du contrat. Il ne faut pas confondre cet usage avec le droit réel, la servitude d'usage. L'usage est ici un droit personnel d'user de la chose, qui n'est pas déterminé dans des limites aussi précises que celui de l'usager. Ce dernier peut, en effet, se servir de la chose pour ses besoins, et jusqu'à concurrence de ce qui lui est nécessaire pour les satisfaire. Au contraire, l'étendue du droit de l'emprunteur est fixé par la convention, par la destination naturelle de la chose prêtée, par le but que les parties se sont proposé (M. Troplong, n° 18).

Pourvu que l'usage auquel on destine la chose soit licite, la chose peut être prêtée pour un tout autre usage que celui qui lui est habituel; ainsi le commodataire peut fort bien être autorisé à donner la chose prêtée en gage à l'un de ses créanciers (L. 5, § 12, Dig. Commod.). Mais il n'y a pas de commodat si on confie une chose à une personne pour qu'elle puisse la voir, l'examiner, en déterminer la valeur (Pothier, n° 93).

L'usage étant l'objet principal du contrat, il en résulte que les choses qui se consomment par l'usage auquel elles sont naturellement destinées, ne peuvent faire l'objet du commodat, à moins que l'usage spécial et exceptionnel auquel les parties les destinent, ne soit de nature à ne pas les consommer, ce que nous examinerons davantage dans la suite. C'est surtout, comme nous l'avons déjà dit du reste, par ce caractère que le commodat diffère du prêt de consommation qui transmet à l'emprunteur la propriété des choses prêtées (art. 1893, 1874-1878).

3° Il faut que l'usage de la chose soit abandonné gratuitement à l'emprunteur. Le commodat est essentiellement un contrat de bienfaisance; l'intervention d'un prix changerait complétement la nature de la convention et en ferait un contrat de louage (art. 1876). Le prêt à usage, tout en étant gratuit, peut être fait dans l'intérêt des deux parties contractantes ou dans l'intérêt du prêteur seul. Les lois romaines nous en offrent différents exemples (L. 5, § 10, Dig. Comm.).

4° Il faut que l'obligation de rendre ait pour objet la chose même qui a été prêtée, et non une chose pareille. C'est une conséquence qui découle du principe déjà posé que dans le commodat la propriété de la chose prêtée reste au commodant.

Le commodat tient de la donation en ce qu'il est comme elle un contrat de bienfaisance; il confère comme elle un avantage à l'emprunteur, il en diffère en ce que par la donation la propriété même de la

chose est transmise au donataire, tandis que, par le commodat, le prêteur ne transmet à l'emprunteur que l'usage de la chose, il en retient
pour lui la propriété et la possession, comme nous l'avons déjà vu. Il
ne faut pas non plus confondre le commodat avec le dépôt. Ce dernier
contrat a lieu uniquement dans l'intérêt du déposant, tandis que le commodat procure un avantage au commodataire seulement. Aussi a-t-on
jugé que la communication d'un titre, faite à celui que ce titre oblige,
sur sa demande et à la condition expresse ou tacite d'une restitution
immédiate, ne présente pas les caractères constitutifs d'un dépôt, mais
ceux d'un prêt (Cassat., 15 mai 1834; Dalloz, *Dépôt*, n° 141).

En droit romain, on distinguait le prêt à usage proprement dit et un
autre contrat analogue appelé *précaire*. Dans le commodat, l'usage
était cédé pour un temps fixé et déterminé, tandis que, dans le précaire,
le propriétaire de la chose pouvait la redemander quand bon lui semblait.
Dans le prêt à usage, l'emprunteur était tenu de sa faute très-légère, il
ne répondait que de son dol dans le précaire. Le Code ne fait plus cette
distinction, le précaire y est compris sous la désignation générale de
prêt à usage; l'emprunteur doit dans tous les cas, apporter à la conservation de la chose, tous les soins d'un bon père de famille. Du reste,
suivant un arrêt déjà cité; dans le cas où la durée de l'engagement res-
terait indéterminée, c'est aux tribunaux qu'il appartient de la finir
(Colmar, 8 mai 1845; Dalloz, *Du prêt*, n° 30).

Les engagements et les droits de l'emprunteur sont héréditaires; car,
quand on stipule on est censé stipuler pour soi et pour ses héritiers
(art. 1112). Toutefois, si le prêt a été fait en considération de l'emprunteur et à lui personnellement, alors ses héritiers ne peuvent continuer de jouir de la chose prêtée. Lorsque les circonstances du fait et
la nature de la chose prêtée ne démontreront pas bien clairement à
l'héritier que c'est à son auteur seulement que le prêteur a entendu
prêter la chose, il sera excusable de s'en être servi pour le même usage
tant que le prêteur ne lui aura pas fait connaître une volonté contraire
(Duranton, *Cours de droit franç.*, t. 17, n° 500).

F   3

CHAPITRE PREMIER.

DES CHOSES QUI PEUVENT ÊTRE LA MATIÈRE DU COMMODAT.

« Tout ce qui est dans le commerce, porte l'art. 1878 et qui ne se consomme pas par l'usage peut être l'objet du commodat. » Il semble, d'après ce texte, que les choses qui se consomment par l'usage qu'on en fait, ne peuvent jamais être la matière d'un commodat, ce qui est vrai habituellement; car, dans le commodat, la chose même doit être restituée dans son individualité et cette restitution devient impossible si l'emprunteur ne peut complétement se servir de la chose sans la consommer; mais l'art. 1878 ne statue que sur l'hypothèse la plus fréquente et ne prévoit pas tous les cas possibles. Il peut, en effet, fort bien arriver, et cette exception était déjà admise en droit romain, que des choses qui se détruisent naturellement par l'usage plein et entier qu'on en fait, soient prêtées, non pour être consommées, mais pour être conservées et rendues dans leur individualité: ainsi, on peut prêter à usage des espèces monnayées *pompæ vel ostentationis causa*, par exemple à un caissier, dont la caisse doit être prochainement inspectée, pour le mettre à même de justifier qu'il est en règle. La volonté des parties enlève alors aux choses leur destination ordinaire, naturelle, et pour déterminer l'espèce du contrat, il faut s'attacher, non pas à la nature de la chose prêtée, mais à l'intention des parties contractantes.

Du reste, tout ce qui est dans le commerce peut être prêté, les immeubles comme les meubles; on prête tous les jours sa cave, sa maison. Il en était de même en droit romain (L. 1, § 1, Dig. Commod.). Seulement les jurisconsultes romains se servaient d'une expression particulière pour désigner d'une manière plus spéciale le prêt d'immeubles; ils appelaient les immeubles prêtés *utendum datum*, tandis que le mot *commodatum*, s'appliquait aux choses mobilières.

Bien qu'une chose soit dans le commerce, on ne peut pas néanmoins la prêter, lorsqu'on sait qu'elle doit être employée à un mauvais usage, à un usage illicite. L'art. 6 du Code Napoléon est ici applicable.

Ainsi on ne pourrait pas prêter des choses dont la vente est interdite par des motifs d'ordre public, telles que des images licencieuses, des livres immoraux; on ne pourrait pas prêter non plus des armes que l'on saurait devoir servir à commettre un crime. Mais si une chose sem-blable avait été prêtée, le prêteur aurait-il une action, soit pour faire condamner l'emprunteur à des dommages-intérêts pour non-restitu-tion de la chose qui aurait péri par sa faute, ou qui aurait été confis-quée par la justice, soit même pour se la faire rendre dans le cas où elle existerait encore. Nous croyons que cette action devrait lui être re-fusée. On ne peut pas écouter un homme qui, au lieu d'alléguer son bon droit, invoque au contraire sa mauvaise action et sa propre turpitude. *Quando utriusque contrahentium turpitudo versatur, melior est causa possidentis* (L. 3, Dig., *De cond. ob turp. caus.*). M. Troplong, n° 34, cependant *contra* (Duvergier, *Du prêt à usage*, n° 32).

Il n'est pas nécessaire qu'on soit propriétaire d'une chose pour la donner en commodat; il suffit qu'on la détienne à un titre quelconque, par exemple, à celui d'usufruitier, de locataire; on peut même prêter une chose incessible, telle qu'un droit d'habitation (M. Troplong, n° 39). De ce qu'il suffit d'avoir la détention d'une chose pour pouvoir la prêter à usage, il s'ensuit que le possesseur de mauvaise foi, qui prête la chose qu'il savait ne pas lui appartenir, a contre l'emprunteur une action à l'effet de se faire restituer cette chose. Ce principe serait applicable, même si la chose avait été volée. Mais, dans ce cas, l'em-prunteur qui a découvert que la chose a été volée, doit en donner avis au véritable propriétaire et le sommer de réclamer la chose dans un délai donné. S'il néglige de donner cet avertissement, il sera responsable de la restitution qu'il aura faite à l'auteur du vol (arg. art. 1938).

En règle générale, on ne peut pas prêter à quelqu'un sa propre chose : *commodatum rei suæ esse non potest.* Cependant, il est des cas où le propriétaire lui-même peut recevoir sa chose à titre de commo-dat si, par exemple, une autre personne en a l'usufruit, elle pourra lui en concéder l'usage pendant un certain temps (M. Troplong, n° 41).

CHARITRE II.

DE LA CAPACITÉ EN MATIÈRE DE COMMODAT.

Régulièrement le contrat de prêt ne peut se former qu'entre personnes capables de contracter et de s'obliger; mais, comme il n'emporte pas aliénation de la chose, l'incapacité est moins absolue qu'en matière de vente de donation. Toute personne jouissant de l'administration de sa fortune peut donc prêter ou emprunter à titre de commodat. Nous allons examiner les différentes questions qui peuvent s'élever, selon que l'emprunteur ou le prêteur sont des personnes incapables, ou jouissant d'une capacité restreinte.

§ 1. *Des prêts faits à des personnes incapables.*

Les mineurs, les interdits, les femmes mariées non autorisées de leur mari peuvent fort bien recevoir une chose à titre de commodat; ils peuvent, en effet, toujours rendre leur condition meilleure, et le commodat a lieu dans l'intérêt tout entier de l'emprunteur. Mais, si ces personnes ont la capacité d'obliger les autres envers elles, elles ne peuvent pas s'obliger elles-mêmes; aussi le contrat ne sera-t-il obligatoire que de la part du prêteur (C. Nap., art. 1125). Celui-ci ne pourra pas opposer l'incapacité de la personne avec qui il a contracté, ni redemander sa chose avant l'expiration du terme convenu. L'incapable, au contraire, complétement capable tant qu'il ne s'agira que de réclamer du prêteur l'exécution de ses engagements, ne sera nullement tenu à des dommages-intérêts s'il a laissé périr la chose par négligence ou par défaut de soins. Cependant le prêteur pourra agir contre la femme mariée ou contre le minenr *doli capax*, à raison de la fraude qu'ils pourraient avoir commise, soit en détruisant, soit en aliénant la chose prêtée. Cette action lui serait même accordée quand même l'incapable n'aurait pas profité de son dol ou de sa fraude; car, l'état d'incapacité où se trouvent ces personnes, ne les affranchit pas des engagements,

résultant de leurs délits ou de leurs quasi-délits (C. Nap., art. 1310).
Mais, quand l'incapable est exempt de fraude, il ne peut être poursuivi que jusqu'à concurrence de ce dont il s'est enrichi *quatenus locupletior factus est;* nul, en effet, d'après les règles de l'équité, ne doit s'enrichir aux dépens d'autrui : c'est ainsi qu'il ne sera pas dispensé de rendre la chose si elle est encore entre ses mains ; ni s'il l'a vendue, et que cette vente lui ait profité, d'en rembourser le prix.

Dans le cas où le mineur a reçu une chose à titre de commodat, qu'arrivera-t-il si, devenu majeur, il la conserve et la laisse périr par négligence ? La plupart des auteurs décident que l'emprunteur est alors tenu comme un commodataire majeur. L'engagement a été ratifié par sa majorité. On pourrait invoquer contre cette décision la L. 1, § 12, Dig. Commod., qui refuse l'action *commodati* dans cette hypothèse; mais le droit français n'est pas soumis à la rigueur des formules d'action du droit romain. Le préteur aura en conséquence une action née d'un prêt ratifié en majorité (C. Nap., art. 1311).

Le mineur émancipé a l'administration de sa fortune ; il peut donc emprunter à usage ; cependant, d'après l'art. 483, il ne peut faire d'emprunt sous aucun prétexte sans une délibération du conseil de famille, homologuée par le tribunal de première instance, mais cet article ne doit s'appliquer qu'au prêt à intérêt; il n'existerait, en effet, aucun motif pour défendre au mineur émancipé de recevoir à titre de commodat, c'est-à-dire à titre gratuit, quand la loi lui permet de s'engager à titre onéreux.

La femme séparée de biens peut aussi emprunter à commodat, puisque non-seulement elle a l'administration de sa fortune, mais qu'elle peut même disposer de son mobilier et l'aliéner (art. 1449). Il faut en dire autant des personnes pourvues d'un conseil judiciaire.

§ 2. *Des prêts consentis par des personnes incapables.*

Si un incapable, un mineur non émancipé, une femme mariée non autorisée, ont prêté une chose, le contrat ne sera pas obligatoire pour ces personnes; ils pourront réclamer la chose avant l'expiration du terme convenu; mais l'emprunteur n'en sera pas moins soumis aux obligations naissant du commodat, conformément au principe posé par l'art. 1125. Si l'emprunteur a fait des dépenses nécessaires à la conservation de la chose, il n'aurait pas contré le mineur l'action indirecte naissant du commodat, mais l'action *negotiorum gestorum*, conformément à l'art. 1375. Cette action peut être donnée contre les mineurs aussi bien que contre les majeurs, quand l'affaire leur a réellement profité.

Un mineur émancipé peut-il consentir valablement un prêt à usage, sans l'assistance de son curateur? Oui, parce que toute personne jouissant de l'administration de sa fortune est capable d'emprunter à titre de commodat. On ne pourrait pas refuser à une personne qui est capable d'affermer ses domaines, de toucher ses revenus, de prêter efficacement sa chose, de rendre un service (MM. Aubry et Rau, *Droit civil*, t. 3, § 391, et Troplong, n° 55). La même décision doit s'appliquer à la personne pourvue d'un conseil judiciaire, et à plus forte raison à la femme séparée de biens qui prête un objet mobilier sans l'autorisation de son mari, puisque l'art. 1449 lui permet d'aliéner son mobilier sans avoir besoin d'autorisation. Quant à l'interdit, il ne peut consentir aucun prêt, puisqu'il est frappé d'une incapacité absolue de contracter (art. 502).

CHAPITRE III.

DES EFFETS DU COMMODAT.

Le commodat engendre des droits et des obligations réciproques, quoique le contrat ne soit pas parfaitement synallagmatique. L'emprunteur est obligé par le fait même du contrat, mais les obligations du prêteur ne naissent qu'à la suite de certains faits postérieurs qui se rattachent au contrat, par exemple les dépenses que l'emprunteur a été obligé de faire pour conserver la chose. Comme c'est l'emprunteur qui est directement obligé, voyons d'abord quelles sont ses obligations.

SECTION PREMIÈRE.

Des obligations de l'emprunteur.

Les obligations de l'emprunteur sont au nombre de trois. Il doit :
1° employer la chose à l'usage expressément convenu, ou, à défaut de
convention, à celui auquel elle est destinée d'après sa nature; 2° conserver la chose; 3° la restituer après l'expiration du temps pour lequel
elle lui a été prêtée.

§ 1. *Obligation d'employer la chose à l'usage convenu ou déterminé par sa nature.*

Cette règle est l'objet de l'art. 1880. Si les parties ont déterminé
l'usage et le temps pour lesquels la chose devait être prêtée, leur volonté doit être respectée, car la convention, dit l'art. 1134, fait la loi
des parties. A défaut de convention expresse, la nature même de la
chose, l'usage auquel elle sert habituellement, ses qualités, sa confor-
mation déterminent l'usage que peut en faire l'emprunteur. Ainsi, je
vous prête un cheval de selle sans déterminer l'usage que vous pourrez
en faire, vous ne pourrez pas vous en servir pour le mettre à une voi-
ture ou labourer. Le prêt à usage est un contrat où l'intention des parties doit être interprétée à la rigueur; l'emprunteur, ne tenant son droit
que de la libéralité du prêteur, doit renfermer strictement l'usage dans
les limites qui lui sont tracées par la convention elle-même ou par la
destination habituelle de la chose. Nous verrons dans la suite quelle est
la sanction de cette obligation de l'emprunteur.

§ 2. *Obligation de conserver la chose.*

L'emprunteur doit apporter à la garde et à la conservation de la chose
les soins d'un bon père de famille. Mais l'emprunteur devra-t-il un soin
ordinaire tel que les pères de famille ont coutume d'apporter aux
choses qui leur appartiennent, ou bien exigera-t-on de lui tous les
soins possibles, ceux qu'apportent à leurs affaires les personnes les plus
diligentes? En droit romain, il était responsable des fautes les plus lé-

gères. « *In rebus commodatis*, dit la Loi 18, Dij. Commod., *talis diligentia præstanda est, qualem quisque diligentissimus pater familias suis rebus adhibet.* » Le Code a-t-il entendu reproduire ce système? M. Troplong, n° 77, se fondant sur le texte même de l'art. 1880, enseigne, contrairement à l'opinion de Pothier, n° 48, que l'emprunteur ne doit que des soins ordinaires d'un bon père de famille. Il lui suffit d'avoir le soin, l'attention, la prudence de ce modèle formé sur les vertus moyennes du commun des hommes. Ce système nous semble difficile à admettre. L'art. 1880 porte bien que l'emprunteur n'est tenu que des soins d'un bon père de famille, mais cette obligation varie, elle est plus ou moins étendue suivant la nature du contrat; c'est ce que dit formellement l'art. 1137. Or, le prêt est un des contrats où l'on doit tout interpréter à la rigueur, car il a lieu dans le seul intérêt de l'emprunteur. Il faut donc décider que l'emprunteur devra des soins plus grands que les soins ordinaires, et qu'il sera responsable de la perte si, avec plus de vigilance, il avait pu la prévenir. D'ailleurs la loi fait elle-même une application de ce principe quand elle dit, dans l'art. 1882, que si la chose prêtée périt par un cas fortuit dont l'emprunteur aurait pu la garantir en employant la sienne propre, ou si ne pouvant conserver que l'une des deux il a préféré la sienne, il est tenu de la perte de l'autre. Néanmoins il appartiendra toujours aux tribunaux d'apprécier s'il y a faute de la part de l'emprunteur; ils auront pour cela égard à son âge, à son expérience, à sa profession.

Les soins que l'emprunteur doit à la chose s'étendent à tout ce qui en fait partie, aux accessoires, aux fruits. Par exemple, si vous me prêtez une jument qui est encore suivie d'un jeune poulain, je serai tenu de veiller à ce que les deux animaux n'éprouvent aucun dommage (L. 5, § 9, Dig. Commod., Pothier, n° 54).

Le principe que l'emprunteur doit les soins les plus diligents, reçoit exception dans deux cas : 1° S'il a été convenu qu'il ne devra qu'un soin ordinaire. L'emprunteur peut même valablement stipuler qu'il ne répondra d'aucune faute; il ne devra alors que la bonne foi;

c'est une convention qui n'a rien d'illicite (Pothier, n° 50). 2° Si le prêt a été fait dans l'intérêt commun des deux parties, comme lorsqu'un associé prête son cheval à son coassocié qui l'emprunte pour les affaires de la société; ce prêt a lieu aussi dans l'intérêt du prêteur. Si le prêt a été fait dans le seul intérêt du prêteur, cas qui se présentera rarement, l'emprunteur ne répond que de son dol.

Mais quand le prêt a eu lieu dans le seul intérêt de l'emprunteur, il est tenu de toute espèce de faute. Mais ne pourrait-il pas opposer son incapacité et offrir de prouver qu'il a fait tout ce qui dépendait de lui pour conserver la chose. Pothier enseigne la négative (n° 49). On pourrait répondre à l'emprunteur que c'était à lui à connaître ses moyens, et à ne pas contracter s'il savait qu'il était dans l'impossibilité de remplir les engagements qu'il contractait. Le prêteur ne saurait être victime de son imprudence.

L'emprunteur ne répond pas de la perte ou des détériorations arrivées par cas fortuit, par un accident dont la chose n'aurait pas été préservée en restant chez le prêteur, car dans ce cas il n'est pas en faute. Il n'est pas même tenu des accidents qui ne sont arrivés qu'à la suite du prêt: par exemple; un cheval a été prêté pour faire un voyage, il est enlevé par des voleurs, l'emprunteur ne sera pas responsable, car dans le prêt à usage, la propriété de la chose prêtée reste au prêteur, et il est de principe que c'est le propriétaire qui doit supporter la perte. *Res perit domino.* En prêtant, il a pris tacitement l'engagement de supporter les accidents qui pourraient arriver.

Tel est le principe; mais il souffre de nombreuses exceptions. Le commodataire répond exceptionnellement des cas fortuits.

1° Lorsqu'il s'en est chargé (art. 1302), c'est encore une convention qui n'a rien que de licite.

2° Lorsque le dommage n'a eu lieu qu'après sa mise en demeure. La mise en demeure a lieu de plein droit, par la seule expiration du terme convenu pour la restitution de la chose prêtée. *Dies interpellat pro homine.* L'art. 1881 contient une exception à la règle générale posée par l'art. 1139, d'après laquelle le débiteur n'est constitué en demeure que par une sommation (MM. Aubry et Rau, § 392).

3° Lorsque la chose a été estimée. L'art. 1883 fixe un point qui était controversé dans l'ancien droit. Quelques auteurs, entre autres Pothier (n° 62), prétendaient que l'estimation ne suffisait pas pour mettre les cas fortuits à la charge de l'emprunteur, à moins d'une volonté manifeste contraire. L'estimation prévoyait seulement le cas de perte arrivé par une faute et non par force majeure. Mais le Code a rejeté ces principes. L'art. 1883 est formel : si la chose a été estimée en la prêtant, la perte qui arrive, même par cas fortuit, est pour l'emprunteur, s'il n'y a convention contraire. Le Code ne considère pas assurément l'estimation comme équivalent à une vente, ni même comme transportant la propriété à l'emprunteur; mais il suppose qu'elle a eu pour but de mettre l'emprunteur, à tout événement, dans l'obligation de rendre la chose prêtée ou la valeur si elle a péri. Lorsque la convention contraire dont parle l'art. 1883 a eu lieu, l'estimation est censée avoir été faite pour servir de base à la fixation des dommages-intérêts pour le cas où la chose viendrait à périr ou à subir des détériorations par la faute de l'emprunteur.

4° Lorsque le cas fortuit est arrivé par suite de la violation de l'une de ses obligations. Toutes les fois, en effet, que le débiteur aurait pu, en donnant à la chose les soins qu'il devait y apporter, empêcher le cas fortuit, ou du moins en neutraliser les effets, l'exécution régulière de l'obligation se trouve entravée, moins par le cas fortuit que par une faute dont le débiteur doit nécessairement répondre. Vous voyagez la nuit dans une forêt mal famée, des voleurs vous attaquent et vous enlèvent le cheval que je vous ai prêté. Vous êtes responsable de ce vol, parce que vous n'avez pas usé de la chose en bon père de famille. Le cas fortuit ne serait pas arrivé, si vous aviez voyagé de jour et sur les grandes routes. Ce cas présente différentes hypothèses :

1° L'emprunteur emploie la chose à un autre usage que celui pour lequel elle a été prêtée. Non-seulement d'après l'art. 1881 il doit des dommages-intérêts, mais il sera responsable de la perte si la chose a péri par suite de l'interversion de l'usage; car, cette interversion est une faute et une faute dommageable, puisqu'elle a causé la perte de la chose. Mais s'il est démontré que la perte aurait eu lieu, quand même la chose eût été employée à l'usage pour lequel elle a été prêtée, l'emprunteur n'est plus responsable; alors, en effet, si l'interversion de l'usage constitue encore une faute, ce n'est plus une faute dommageable. Une maison m'a été prêtée pour l'habiter; j'y établis une industrie; elle est incendiée par la faute d'un ouvrier: je suis responsable de cette perte; la maison n'eût pas péri, si je n'y avais pas établi une industrie dangereuse. Mais je ne suis pas tenu de la perte, si elle a péri par le feu du ciel, car elle eût également été incendiée, si je m'étais borné à l'habiter.

2° L'emprunteur se sert de la chose prêtée plus longtemps qu'il ne doit; par exemple, si je vous ai prêté mon cheval pour huit jours et que vous le gardiez plus longtemps, si devant aller en telle ville vous le conduisiez en telle autre qui est plus éloignée, vous serez tenu de la perte arrivée pendant cet excédant de trajet. Les lois romaines allaient jusqu'à réputer dans ce cas l'emprunteur voleur quant à l'usage de la chose prêtée (L. 1, Dig., *De furtis*). Mais il ne faut pas confondre ce cas où l'emprunteur est en faute pour s'être servi de la chose empruntée plus longtemps qu'il ne le devait, et où, par suite de cette faute, elle vient à périr par cas fortuit, avec celui où elle périt par un accident de cette nature, mais indépendamment de toute faute de l'emprunteur, après la mise en demeure de ce dernier. C'est le cas dont nous avons parlé plus haut. L'emprunteur peut alors invoquer l'exception établie par le second alinéa de l'art. 1302, tandis que dans le premier cas, la faute qu'il a commise, écartera d'une manière absolue, l'application de cette exception (MM. Aubry et Rau, § 392, note 2).

Cependant, si l'emprunteur s'est servi de la chose pendant un temps plus long qu'il ne devait, et s'il a pu naturellement croire à raison de ses relations avec le prêteur; que ce dernier aurait consenti à ce surcroît d'usage, s'il avait pu prévoir qu'il serait nécessaire à l'emprunteur, le principe de l'art. 1881 pourra recevoir exception. Cette solution est fondée sur l'équité et sur l'intention présumée des parties; elle n'est pas contraire à l'art. 1881, car les parties auront convenu tacitement d'un usage plus long (voy. en ce sens: M. Troplong, n° 98, cependant *contrâ*, Duranton, n° 518).

5° Lorsqu'il aurait pu en employant sa propre chose, garantir la chose empruntée du dommage qu'elle a éprouvé, ou lorsque la chose prêtée et la sienne étant exposées au même danger; il a préféré sauver la sienne (art. 1882). La loi suppose que le prêteur n'a entendu prêter sa chose que pour fournir à l'emprunteur les moyens de faire ce qu'il ne pouvait pas accomplir en se servant de sa propre chose; c'est donc employer la chose à un autre usage que celui pour lequel elle était prêtée que de s'en servir quand on peut employer la sienne propre. Cette interversion est une faute qui rend l'emprunteur responsable du dommage qu'elle occasionne. Dans le second cas, le commodataire est tenu lors même qu'il n'a été en son pouvoir, que de sauver une des deux choses; la loi veut que, dans ce danger commun, il préfère l'intérêt du prêteur au sien. Mais, bien entendu, la loi suppose qu'il a pu sauver l'une ou l'autre à son gré, qu'il a été à même de choisir celle qu'il voulait sauver; dans le cas contraire; il n'est pas tenu, car il n'y a rien à lui reprocher.

Cette disposition de la loi a paru à quelques auteurs fort difficile à justifier. Elle n'est qu'une conséquence du principe que l'emprunteur est responsable même de la faute très-légère. Mais l'art. 1882 s'appliquera-t-il au cas où la chose prêtée serait d'une valeur inférieure à celle de la chose de l'emprunteur, qu'il a sauvée de préférence? Le texte est formel; il ne fait aucune distinction. Mais le principe posé par l'art. 1882, cesserait certainement de recevoir son application, si le contrat de prêt avait eu lieu dans l'intérêt des deux parties.

L'art. 1884 porte, que si la chose se détériore par le seul effet de l'usage pour lequel elle a été empruntée et sans aucune faute de la part de l'emprunteur, ce dernier n'est pas tenu de la détérioration produite par cet usage. En effet, en consentant à ce que l'on se serve de la chose, le prêteur prend tacitement sur lui toutes les détériorations, toutes les dégradations que cet usage pourra causer. Si, par exemple, on a prêté un cheval pour un voyage long et pénible, on ne pourra pas se plaindre si l'emprunteur le ramène fatigué, pourvu toutefois qu'il lui ait donné les soins convenables et qu'il en ait usé en bon père de famille. Par application de ce principe, il a été jugé qu'on doit considérer comme exempt de faute et par suite exonérer de toute responsabilité celui-qui, ayant emprunté des chevaux, ne les a employés qu'à des travaux auxquels ils étaient habituellement occupés, lorsque d'ailleurs ces travaux n'étaient pas excessifs, et que l'emprunteur nourrissait et soignait les chevaux empruntés comme les siens (Rennes, 3 décembre 1813, Dalloz, n° 94, 1).

Dans le cas où la chose est détériorée par suite d'un usage illicite, l'emprunteur sera condamné à des dommages-intérêts (art. 1880). Si la détérioration est tellement considérable que le prêteur ne puisse plus se servir utilement de la chose, le prêteur peut en exiger la valeur en laissant la chose même à l'emprunteur (arg. art. 1326). Si la chose, quoique détériorée, est encore susceptible d'un usage ordinaire, le prêteur pourra se faire rembourser la moins value.

§ 3. *Obligation de restituer la chose.*

L'emprunteur doit restituer la chose au prêteur après l'expiration du temps pour lequel elle lui a été prêtée, ou, à défaut de convention, après qu'elle aura servi à l'usage pour lequel elle a été empruntée (art. 1888).

L'usage pour lequel la chose a été prêtée, peut-être perçu avant l'expiration du terme convenu; dans ce cas, l'emprunteur ne peut retenir la chose jusqu'à ce moment; car, n'ayant plus le droit de s'en servir du moment qu'il en a retiré l'usage convenu, il n'a plus aucun intérêt légitime à la retenir. Je vous ai prêté un cheval pour huit jours et pour tel voyage ; le voyage est accompli en six jours : je puis, dès cet instant, réclamer mon cheval.

Mais si l'époque de la restitution étant arrivée, le prêteur avait besoin de quelques jours pour achever de s'en servir à l'usage pour lequel il avait emprunté, le prêteur, s'il ne souffrait aucun préjudice, devrait-il lui laisser la chose pendant ce temps? Pothier, n° 28, enseignait l'affirmative, mais il est impossible, en présence de l'art. 1888, d'admettre cette opinion (M. Troplong, n° 149).

Le prêteur est obligé de laisser la chose entre les mains de l'emprunteur, jusqu'à ce qu'il en ait retiré l'usage convenu. Mais l'emprunteur peut être obligé de rendre la chose quoiqu'il n'en ait pas retiré l'usage convenu. C'est ce qui a lieu : 1° Quand il survient au prêteur un besoin pressant et imprévu de sa chose. Le juge pourra alors, suivant les circonstances, obliger l'emprunteur à le lui rendre (art. 1889). Nous verrons, en parlant des obligations du prêteur, à quelle condition cette faculté lui est accordée. 2° Quand le prêteur n'avait pas la propriété de la chose et que l'emprunteur la revendique. Dans ce cas, l'emprunteur pourra être condamné à des dommages-intérêts envers l'emprunteur, s'il a prêté la chose sachant qu'elle ne lui appartenait pas, et qu'elle pourrait être réclamée avant l'expiration du terme convenu; si, au contraire, il était de bonne foi, s'il ignorait réellement que la chose ne lui appartînt pas, il ne devra rien; il ne serait pas juste, en effet, que son bienfait lui devînt préjudiciable (Pothier, 79-80). 3° Quand on n'a prêté qu'en considération de l'emprunteur et à lui personnellement, ses héritiers ne pourront continuer à user de la chose prêtée, quoique leur auteur n'en ait pas encore retiré l'usage convenu (art. 1879).

Dès que le jour connue pour la restitution est arrivé, ou que le temps nécessaire à l'usage est expiré, l'emprunteur est censé être constitué en demeure. Nous avons déjà vu que, dans le commodat, la mise en demeure a lieu de plein droit, sans aucune sommation.

La chose doit être rendue au prêteur ou à celui qui avait pouvoir de la recevoir pour lui. Si le prêteur est décédé la chose doit être rendue à ses héritiers. Le mandataire de l'emprunteur peut aussi bien que l'emprunteur lui-même restituer la chose.

Quand les parties ont convenu du lieu de la restitution, c'est dans ce lieu qu'elle doit avoir lieu. Dans le cas contraire, où se fera la restitution? Pothier, n° 30, écrivait qu'elle doit être rendue au prêteur dans sa maison, à moins que, par la destination du prêteur, la chose n'eût coutume d'être dans un autre lieu. Mais, d'après la majorité des autres auteurs, le lieu où la livraison a été faite est celui où doit s'opérer la restitution (M. Troplong, 276; Duranton, 531).

La chose doit être rendue dans l'état où elle se trouvait au moment du prêt, sauf les détériorations produites par l'usage et dont l'emprunteur n'est pas tenu, comme nous l'avons déjà expliqué.

L'emprunteur est-il autorisé à retenir la chose jusqu'à ce que le remboursement des dépenses qu'il a faites pour la conservation de la chose ait été effectué par le prêteur? En droit romain l'affirmative n'était pas douteuse (L. 15, § 2, Dig., *De furtis*).

Le Code ne décide pas la question; mais faut-il conclure de son silence que ce bénéfice n'existe pas au profit du commodataire? Nous ne le croyons pas. La chose devient une espèce de gage entre les mains de l'emprunteur; on peut fort bien appliquer ici la disposition de l'art. 1948, qui accorde au dépositaire le droit de retenir la chose tant qu'il n'est pas payé des dépenses qu'il a faites pour la conserver. Cet article consacre une exception de dol, qui doit pouvoir être invoqué par l'emprunteur aussi bien que par le dépositaire, quoiqu'il n'existe pas une similitude parfaite entre la déposition de l'un et de l'autre. Il y a dol, en effet, de la part du prêteur à réclamer la chose sans offrir à l'emprunteur les dépenses qu'il a faites pour sa conservation (MM. Aubry et Rau, § 392, 3°).

L'art. 1885 porte que l'emprunteur ne peut pas retenir la chose par compensation de ce que le prêteur lui doit. La loi, mettant au nombre des conditions essentielles du prêt à usage la restitution de la chose, il est évident que l'emprunteur manquerait à l'obligation qu'il a contractée, s'il retenait la chose pour compenser les créances qu'il pourrait avoir contre le prêteur. L'art. 1293, n° 2, contient déjà cette prohibtion. Mais la compensation ne peut avoir lieu qu'entre deux dettes ayant pour objet des choses fongibles, c'est-à-dire des choses qui peuvent être représentées par d'autres de même nature, quantité, etc., elle ne s'applique jamais aux dettes de corps certains, et le prêt à usage a toujours pour objet des corps certains, même quand il s'agit de deniers prêtés *ad pompam vel ostentationem*. La disposition de l'art. 1885 devient donc inutile, puisqu'elle ne fait que reproduire un principe déjà posé par l'art. 1291 et répété par l'art. 1293, 2°. On a cherché à expliquer l'art. 1885, en disant que la loi avait eu pour objet, non pas de défendre la compensation, mais d'empêcher l'emprunteur de retenir la chose jusqu'à ce qu'il fût payé de ses avances, et d'abroger la règle du droit romain qui lui accordait le droit de rétention ; mais, c'est évidemment donner au mot compensation une signification qu'il n'a pas, c'est donner de l'art. 1885 une interprétation forcée. Cet article ne s'explique que par la confusion qu'ont fait les rédacteurs du Code entre les choses fongibles et celles qui se consomment par l'usage qu'on en fait. Ils ont voulu dire, que les choses qui se consomment par l'usage, choses qui, dans leur opinion, sont fongibles, ne peuvent pas, quand elles sont l'objet d'un commodat, être compensées avec les créances que l'emprunteur pourrait avoir contre le prêteur (MM. Aubry et Rau, § 32, note 4, et 392, 3°).

Mais l'emprunteur serait-il admis, si la chose avait péri par sa faute, à compenser ce que lui doit le prêteur, avec les condamnations en dommages-intérêts qui pourraient être prononcées contre lui, à raison de cette perte? La dette, par l'effet de la condamnation, est devenue liquide ; elle est aussi exigible ; elle a pour objet une somme d'argent. Le jugement qui condamne l'emprunteur à payer la valeur de la chose ou des dommages-intérêts, opère une novation judiciaire, par suite de laquelle la dette n'a plus pour cause un contrat de prêt, mais la condamnation elle-même. Il faut donc décider que l'emprunteur serait admissible à opposer la compensation. Cependant, s'il était établi que l'emprunteur a détruit la chose prêtée pour se constituer débiteur des dommages-intérêts, et parvenir ainsi, à se faire payer par voie de compensation, les tribunaux pourraient refuser d'admettre la compensation.

SECTION II.

Des obligations du prêteur.

Les obligations de l'emprunteur sont le complément nécessaire du service qu'il a rendu. Les unes résultent du consentement qu'il donne tacitement en livrant la chose, les autres naissent de l'équité. Elles sont aussi au nombre de trois. Il doit : 1º laisser à l'emprunteur ou à ses héritiers la chose pendant le temps expressément ou tacitement convenu ; 2º rembourser à l'acheteur certaines impenses ; 3º prévenir l'emprunteur des défauts cachés de la chose.

§ 1. *Obligation de laisser à l'emprunteur l'usage de la chose pendant le temps convenu.*

Le prêteur ne contracte pas, comme le bailleur, l'obligation formelle de faire jouir, *præstare uti licere ;* il s'interdit seulement tout acte qui pourrait troubler la jouissance de l'emprunteur ; son obligation est purement négative. Le prêteur ne serait assujetti à aucune responsabilité, si le trouble provenait du fait d'un tiers, sauf le cas de mauvaise foi.

Le juge, comme nous l'avons déjà dit, peut, selon les circonstances, obliger l'emprunteur de rendre la chose avant le délai fixé (art. 1889). Cette dérogation au principe que la convention fait la loi des parties est fondée sur des motifs d'équité. La loi suppose que le prêteur n'aurait sans doute pas consenti le prêt, s'il avait prévu qu'il aurait lui-même besoin de sa chose ; dès lors il ne serait pas juste que son désir d'obliger l'emprunteur pût lui devenir préjudiciable. Mais cette faveur exceptionnelle ne peut être accordée à l'emprunteur que s'il justifie : 1° que le besoin de sa chose est survenu depuis le prêt ; 2° qu'il est pressant ; 3° qu'il n'a pu être prévu au moment du prêt. Les tribunaux, du reste, seront toujours souverains appréciateurs des faits.

Si l'emprunteur ne voulait pas rendre la chose, malgré le besoin prévu et pressant du prêteur, celui-ci pourrait l'assigner en référé devant le président du tribunal, lequel rendrait une ordonnance portant que l'emprunteur sera tenu de remettre de suite la chose au prêteur, et autoriserait ce dernier, en cas de refus, à la faire saisir. Cependant, si la restitution ne pouvait se faire de suite sans un grand dommage pour l'emprunteur, celui-ci pourrait être reçu à remplir son obligation par équivalent, par exemple en fournissant à l'emprunteur une chose semblable, jusqu'à ce qu'il pût lui rendre la sienne (Pothier, n° 25).

§ 2. *Obligations de rembourser certaines impenses.*

Le prêteur est obligé de rembourser à l'emprunteur les dépenses nécessaires que celui-ci a faites pour la conservation de la chose, lorsqu'elles étaient tellement urgentes qu'il n'a pu en prévenir le prêteur (art. 1890). Quant aux dépenses qu'il a faites pour user de la chose, elles restent à sa charge (art. 1890) ; par exemple, si je vous ai prêté un cheval pour faire un voyage, vous êtes obligé de le nourrir à vos dépens, cette dépense ordinaire étant une charge de la jouissance que vous en avez ; si, au contraire, vous me prêtez un cheval, et qu'il tombe malade, les dépenses extraordinaires entraînées par cette maladie seront à votre charge ; j'aurai droit au remboursement de mes avances ; cette répétition pourra avoir lieu quand même la chose, objet des dépenses, viendrait à périr.

Les dépenses extraordinaires sont celles qui s'appliquent surtout à l'existence et à la conservation de la chose prêtée ; il est donc juste que le prêteur, qui en reste propriétaire, les rembourse à l'emprunteur. Il appartient aux tribunaux de décider de quelle nature sont les dépenses, si elles ont été prises pour conserver la chose ou pour en user.

Le prêteur ne pourrait pas abandonner la chose pour se soustraire au paiement des impenses nécessaires; débiteur d'une somme d'argent, il en doit le montant. La restitution volontaire que l'emprunteur aurait faite de la chose, sans exiger le remboursement auquel il a droit, n'élèverait contre lui aucune fin de non-recevoir (Pothier, n° 83).

§ 3. *Obligation de prévenir l'emprunteur des défauts cachés.*

Aux termes de l'art. 1891, lorsque la chose prêtée a des défauts tels qu'elle puisse causer du préjudice à celui qui s'en sert, le prêteur en est responsable, s'il connaissait les défauts et n'en a pas averti l'emprunteur. En effet, dans ce cas, il y a dol de la part du prêteur, ou tout au moins faute grave assimilée au dol. Mais, si le prêteur ignorait les vices de la chose prêtée, il ne serait tenu d'aucuns dommages-intérêts, car, le contrat étant de pure bienfaisance de sa part, il ne serait pas juste qu'il tournât à son préjudice, alors qu'il a voulu de bonne foi obliger l'emprunteur.

Dans aucun cas, le prêteur ne peut être responsable des défauts apparents de la chose prêtée (arg. art. 1642; MM. Aubry et Rau, § 393, note 5). Mais il peut être responsable du dommage causé à l'emprunteur par suite de l'impossibilité où ce dernier a été de jouir de la chose prêtée, pourvu qu'il ait su que la chose que lui demandait l'emprunteur n'était pas propre à l'usage que celui-ci voulait en faire. Il n'est jamais répréhensible que lorsqu'il se rend coupable d'un dol commis sciemment.

CHAPITRE IV.

DE LA PREUVE DU COMMODAT.

Le prêt à usage peut, comme tous les contrats, se former verbalement, et c'est ce qui a lieu le plus souvent; mais il peut aussi se constater par écrit, par acte authentique ou sous seing privé.

Le commodat est un contrat imparfaitement synallagmatique; il n'est donc pas nécessaire, si l'on fait un acte sous seing privé, de le faire en double original, conformément à l'art. 1325. Cependant, si la chose prêtée était une chose appréciable , il faudrait observer la formalité de *bon pour* ou *approuvé*, exigé par l'art. 1326.

Concernant la preuve, le commodat est soumis au droit commun. En conséquence, la preuve par témoins, non appuyée d'un commencement de preuve par écrit, n'est pas recevable si la valeur de l'objet réclamé excède 150 fr. , à moins toutefois que le prêt n'ait eu lieu dans des circonstances particulières, telles qu'il aurait été impossible de le constater par écrit.

Dans l'ancien droit, on jugeait que la preuve testimoniale devait être reçue quelle que fût la valeur de l'objet réclamé. On se fondait sur ce que le commodat est un contrat qui ne s'accomplit que par la tradition qui est un fait susceptible d'être prouvé par témoins (Parlement de Paris, mars 1624; Dalloz, n° 60).

Ce système n'est plus admissible sous l'empire du Code. Il a toutefois été jugé que le fait d'avoir reçu gratuitement dans sa cave quelques pièces de vin appartenant à un tiers, constitue un simple prêt à usage de la part du propriétaire de la cave et non un dépôt de la part du propriétaire des vins; qu'en conséquence celui-ci, en cas de saisie des biens du prêteur de la cave, est recevable, quelle que soit la valeur des vins, et lors même qu'elle s'élèverait à plus de 150 fr., à prouver par témoins contre le saisissant, à quel titre ces vins se trouvent dans la cave du saisi (Colmar, 18 avril 1806; Dalloz, n° 59). Mais cet arrêt a été critiqué par la plupart des auteurs. M. Troplong, n° 58 et suiv. , a proposé la distinction suivante : Si le commodat a pour objet des immeubles, la preuve testimoniale doit être admise; elle doit être rejetée s'il s'agit de meubles. Dans le premier cas, en effet, il n'est pas besoin d'écrit pour établir la position des deux parties. Si l'emprunteur osait se dire propriétaire, il serait poursuivi par une action en revendication, et le prêteur établirait son droit de propriété tant par titres que par témoins, car il est de principe que la propriété et ses titres s'établissent par tous moyens de preuve. Dans le second cas, il n'en serait pas de même, l'action du véritable propriétaire pourrait être repoussée par l'emprunteur au moyen de la maxime : *en fait de meubles, possession vaut titre*. Le demandeur serait tenu de prouver que son adversaire s'est engagé envers lui comme emprunteur ; or, il ne peut faire cette preuve par témoins que jusqu'à 150 fr.

CHAPITRE V.

DES ACTIONS QUI RÉSULTENT DU COMMODAT ET DE LEUR PRESCRIPTION.

Le prêteur a contre l'emprunteur l'action directe résultant du contrat de prêt, celle que l'on appelait en droit romain *actio directa commodati*, et qui a pour cause l'obligation contractée par l'emprunteur de restituer la chose. Si plusieurs ont emprunté conjointement la chose, le prêteur a contre eux une action solidaire (art. 1887), il peut les attaquer tous ou en choisir un seul, celui qu'il voudra. C'est une disposition exceptionnelle. La loi suppose que le prêteur n'a pas voulu diviser la responsabilité entre les emprunteurs ; il est censé avoir livré la chose en totalité à chacun d'eux. Mais la solidarité n'existe pas lorsque le prêt a été fait à une seule personne qui a laissé plusieurs héritiers.

Si l'un des emprunteurs est mort laissant plusieurs héritiers, chacun d'eux sera tenu pour sa part, excepté: 1° Si la chose est tombée dans un seul lot, l'héritier, appelé à recueillir ce lot, pourra être assigné seul, sauf son recours contre ses cohéritiers (art. 1221, n° 2). 2° Si elle périt par la faute de l'un d'eux, celui-ci seul sera tenu (art. 1221).

L'action personnelle du prêteur contre l'emprunteur, se prescrit par trente ans, à compter du jour où l'obligation de restituer est devenue exigible, conformément à l'art. 2262. Mais, outre cette action personnelle, le prêteur a encore l'action en revendication, fondée sur le droit de propriété qui lui est resté. Cette action n'est pas prescriptible; car, l'emprunteur détenant la chose au nom du prêteur, n'acquiert par aucun laps de temps la propriété de la chose, il possède à titre précaire (art. 2236). Le prêteur pourra donc revendiquer sa chose contre l'emprunteur et même contre ses héritiers, car la possession continue au même titre dans leur personne. Mais le vice de précarité est purgé, si l'emprunteur ou son héritier achète la chose d'une personne qui se présente à lui comme propriétaire, ou s'il conteste le droit de propriété du prêteur (art. 2238). Si l'un de ces faits s'accomplit, l'action en revendication pourra être prescrite. Si l'emprunteur d'un meuble le vend à un tiers de bonne foi, celui-ci sera protégé par la maxime : *en fait de menbles, possession vaut titre* (art. 2279).

Mais tous ces principes ne sont pas applicables, si la chose n'existe plus entre les mains de l'emprunteur ou de ses héritiers qui l'ont même fait périr par leur faute ; l'action en revendication est éteinte par la prescription trentenaire, comme toutes les autres sans préjudice des interruptions et suspensions, telles que de droit.

L'emprunteur a contre le prêteur, pour l'exécution des obligations de ce dernier, l'action indirecte résultant du contrat, celle qu'on nommait en droit romain *actio commodati contraria*, c'est une action personnelle prescriptible par trente ans (art. 2262).

INSTRUCTION CRIMINELLE.

Du jury.

Généralités. — Aperçu historique.

Le juré est celui qui, sans avoir aucun caractère public de magistrature, est appelé devant les tribunaux pour se prononcer sur un fait et donner une déclaration suivant laquelle les juges appliquent les dispositions de la loi. Le jury est la réunion légale des jurés. Le caractère essentiel et dominant du jury, tel que l'a introduit dans notre organisation judiciaire l'Assemblée constituante, comme une suite des idées politiques qu'elle proclamait, c'est l'intervention directe et immédiate de la société dans une des affaires qui l'intéressent le plus dans l'administration de la justice criminelle; c'est le concours de chaque citoyen dans l'exercice journalier des actes qui protégent la sécurité sociale. Cette institution a été diversement appréciée. Il ne nous appartient pas de discuter tout ce qu'on a dit pour en signaler les avantages ou les vices. Disons seulement qu'elle offre de grandes garanties à l'accusé comme à la société. «La distinction entre les juges du fait et les juges du droit est infiniment précieuse. Sans elle, le magistrat occupé continuellement à prononcer sur la vie et sur l'honneur des accusés, pourrait se laisser entraîner par l'habitude à de fâcheuses préventions et cesser d'être impartial pour ne pas être trop indulgent» (*Exposé des motifs du livre 3, tit. 2, Code d'instr. crim.*, par M. Faure).

L'origine du jury est une question historique fort douteuse. Suivant quelques auteurs, on en trouve des traces dans l'ordre judiciaire des Grecs et des Romains (M. Faustin-Hélie, *Inst. crim.*, t. 1). Apporté en France par les peuples du Nord, et répandu en Angleterre, il fut restreint pendant le moyen âge aux vassaux et aux grands seigneurs. En France, il disparut bientôt complétement et ne fut plus conservé qu'en Angleterre. Quand l'Assemblée constituante entreprit la réforme de nos institutions criminelles, on proposa d'introduire le jury en France. On voulut même alors appliquer ce mode de procéder aux affaires civiles et donner aux jurés le droit de prononcer sur les questions de droit et sur les questions de fait. Après de longues discussions, on se détermina à laisser aux jurés la décision des affaires criminelles (loi du 16 septembre 1791), en leur soumettant le fait et la culpabilité de l'accusé, et en laissant aux juges le soin d'appliquer la peine. On voulut alors aussi que l'admission de l'accusation fût prononcée par le jury comme la déclaration de culpabilité. On établit donc un *jury d'accusation* et un *jury de jugement* comme chez les Anglais, dont le système judiciaire servait de modèle (Legraverend, t. 2, chap. 2, sect. 1, *Traité de législat. crimin.*).

Lié intimement aux institutions politiques, le jury a subi avec elles de nombreuses modifications. Nous allons essayer de les retracer rapidement. Le Code de brumaire de l'an IV, s'occupa spécialement de la composition des listes de jurés et de la formation du jury d'accusation; du reste, il reproduisit, sauf de légères différences, les principes posés par la loi du 16 septembre 1791. Quand la rédaction d'un Code d'instruction criminelle fut confiée à une commission de magistrats, la question du jury fut de nouveau agitée. Cette commission fut d'avis de maintenir l'institution et rédigea son travail sur cette base fondamentale. Le résultat de ses méditations fut publié et communiqué aux diverses cours impériales, pour être soumis à la discussion du Conseil d'État. Le Conseil d'État pesa avec soin les avantages et les inconvénients du jury et finit par maintenir définitivement le jury de jugement. Conservé par la Charte de 1814, il fut doté de nouvelles attributions par celle de 1830.

Les formalités que le Code de 1808 prescrivait pour l'organisation du jury, laissaient à l'arbitraire administratif une latitude dont le pouvoir politique ne craignit pas d'abuser. Pour y porter remède, on fit d'abord la loi du 2 mai 1827, relative aux listes électorales, qui fut modifiée par celle du 2 juillet 1828, et enfin remplacée par celle du 9 avril 1831.

Aux termes de la législation en vigueur au moment de la révolution de 1848, les listes du jury étaient dressées d'après les listes électorales qui ne comprenaient qu'un petit nombre de citoyens. Les réformes apportées par cette révolution au régime électoral, rendaient indispensable une formation du jury sur des bases correspondantes aux nouvelles institutions du pays. Mais de même que le droit de suffrage a été accordé, sauf de rares exceptions, à l'universalité des citoyens, fallait-il de même déclarer tous les citoyens, à part quelques cas d'indignité, aptes à remplir les fonctions de juré? Le gouvernement avait été d'avis de l'affirmative. Cependant les comités de législation et de justice frappés du danger de confier ces fonctions à tous les citoyens sans distinction de capacité et de moralité, proposèrent, sur le projet du gouvernement, des amendements restrictifs que l'Assemblée nationale accueillit.

Mais l'institution du jury n'avait pas encore trouvé son organisation définitive. En 1853, le gouvernement y proposa de graves modifications. La base du nouveau système qu'il présenta et qui fut consacré dans la loi du 4 juin 1853, c'est la distinction tranchée entre le caractère politique réservé au corps électoral, et le caractère judiciaire. Et c'est avec raison qu'on a fait cette distinction. « Le vote, en effet, est un droit politique qui prend sa racine dans la constitution, tandis que c'est la loi qui appelle aux fonctions de juré. Qui oserait établir un parallèle entre l'électeur déposant son vote dans l'urne électorale, et le juré prononçant sur la liberté, sur l'honneur et la vie de son semblable » (rapport de M. Langlais sur la loi du 4 juin 1853). Autrefois ces deux caractères politique et judiciaire étaient confondus par la communauté des listes qui servaient pour les électeurs et pour les jurés; de là, une influence politique sur la justice, et des fluctuations qui atteignaient la sphère judiciaire, que semblaient devoir respecter les mouvements des révolutions. Dans la pensée d'empêcher que l'institution du jury ne soit à l'avenir dénaturée, et exposée aux inconvénients de la mobilité politique, la nouvelle loi supprime complétement les listes générales dont on se servait autrefois; elle n'admet que des listes annuelles et des listes trimestrielles, et elle charge des commissions différentes du soin de dresser ces listes.

CHAPITRE PREMIER.

DE LA MANIÈRE DE FORMER LE JURY.

SECTION PREMIÈRE.

Des conditions requises pour être juré.

Aux termes de l'art. 1 du décret du 7 et 12 août 1848, tous les Français âgés de trente ans, jouissant de leurs droits civils et politiques devaient être portés sur la liste générale du jury, sauf les cas d'incapacité et de dispense spécialement prévus. L'inscription n'était soumise à aucune condition de cens ou de propriété, comme sous les lois précédentes. La loi du 4 juin 1853 a supprimé ces listes générales et maintenant les conditions essentielles requises pour être juré sont : 1° la qualité de Français; 2° l'âge de trente ans; 3° la jouissance des droits civils, politiques et de famille (art. 1, loi du 4 juin 1853). Il y a des incapacités naturelles et des incapacités légales : les incapacités naturelles sont celles qui n'ont pas besoin d'être prévues par la loi; ainsi il est évident qu'un sourd, une personne frappée de démence ne peut pas faire partie d'un jury. Les infirmités corporelles n'entraînent incapacité que lorsqu'elles excluent l'idée fondamentale d'un débat oral, lorsque le juré est dans un tel état de corps ou d'esprit qu'il ne peut pas recueillir les paroles qui se prononcent aux débats, ni se former une conviction.

Ne peuvent être jurés ceux qui ne savent ni lire ni écrire en français. Les domestiques et serviteurs à gage.

Sont incapables : 1° ceux à qui les fonctions de juré ont été interdites en vertu de l'art. 396 du Code d'instruction criminelle, et de l'art. 42 du Code pénal; 2° les faillis non réhabilités; 3° les interdits et ceux qui sont pourvus d'un conseil judiciaire; 4° ceux qui sont en état d'accusation ou de contumace; 5° les individus condamnés à des peines afflictives ou infamantes, ou à des peines correctionnelles pour faits qualifiés crimes par la loi ou délits de vol, d'escroquerie, etc. (voy. loi du 4 juin 1835, art. 2).

Outre les cas d'incapacité que nous venons d'énumérer en partie, la loi a prévu des incompatibilités. Elles sont absolues ou relatives.

Incompatibilités absolues. Les fonctions de juré sont incompatibles avec celles du ministre, président du Sénat, président du Corps législatif, préfet, sous-préfet, conseiller de préfecture, juge, etc. (voy. loi de 1853, art. 3).

Incompatibilités relatives. Aux termes de l'art. 382 du Code d'instruction criminelle nul ne peut être juré dans la même affaire où il a été officier de police judiciaire, témoin, interprète, expert ou partie. Mais, comme il n'est pas permis d'ajouter aux cas d'incompatibilité que la loi a prévus, la parenté n'est pas une cause d'incompatibilité. Les fonctions de juré peuvent être exercées simultanément par des citoyens parents ou alliés entre eux, s'ils réunissent d'ailleurs les conditions requises (Cassat., 10 février 1809; 15 juin 1820; Dalloz, *Instr. crim.*, n°s 1478 et 1483).

Aux personnes qui sont exclues de la liste du jury pour cause d'incapacité, ou à raison de l'incompatibilité des fonctions qu'elles remplissent, il faut ajouter celles qui peuvent s'en faire retrancher, soit à cause de leur âge, soit à cause de leur position personnelle. Sont dispensés : 1° Les septuagénaires; 2° ceux qui ont besoin, pour vivre, de leur travail manuel et journalier (loi de 1853, art. 5).

SECTION II.

Des listes des jurés.

§ 1. *Composition de la liste annuelle et de la liste supplémentaire.*

La loi du 4 juin 1853 a complétement supprimé la liste générale qui se formait pour chaque département au moyen de la réunion des listes communales. Ces listes étaient dressées d'après le décret du 7 août 1848 par le maire sur la liste générale des électeurs qui était la source de la liste du jury. La loi de 1853 a complétement changé le système des législations précédentes. Elle ne permet pas d'extraire les listes annuelles de la liste permanente générale, puisqu'elle supprime complétement celle-ci. Aux termes de l'art. 6 de cette loi, la liste annuelle se compose de deux mille jurés pour le département de la Seine, de cinq cents pour les départements dont la population excède trois cent mille habitants, de quatre cents pour ceux dont la population est inférieure à deux cent mille habitants. Le nombre des jurés pour la liste annuelle est réparti par arrondissement et par canton d'après la population officielle, sur un arrêté du préfet pris en conseil de préfecture dans la première quinzaine d'octobre de chaque année. En adressant aux juges de paix l'arrêté de répartition, le préfet leur fait connaître les jurés qui sont tombés au sort pendant l'année précédente et pendant l'année courante (loi de 1853, art. 7).

Les listes préparatoires annuelles contiennent un nombre de noms triple du contingent; elles sont dressées par une commission de canton composée du juge de paix président et de tous les maires (art. 8). Les commissions se réunissent dans la première huitaine de novembre sur la convocation du juge de paix; les listes sont signées et envoyées au sous-préfet (art. 10). Une commission, composée du sous-préfet ou du préfet président et de tous les juges de paix de l'arrondissement, choisit sur les listes préparatoires le nombre de jurés nécessaire pour former ja liste d'arrondissement. La commission se réunit au chef-lieu de l'arrondissement, sur la convocation du préfet ou du sous-préfet, dans la quinzaine de la réceptian des listes préparatoires. La liste d'arrondissement définitivement arrêtée est signée séance tenante, et envoyée sans délai au secrétariat général de la préfecture, où elle reste déposée (loi de 1853, art. 11, 12).

La loi de 1853 admet aussi une liste spéciale de jurés suppléants, comme celle que le décret de 1848 avait placée à côté de la liste annuelle. Cette liste de suppléants pris parmi les jurés de la ville où se tiennent les assises, est composée de deux cents jurés pour Paris, et de cinquante pour les autres départements; elle se forme d'après un travail de commission analogue à celui des listes annuelles (art. 13).

Le préfet dresse immédiatement, par ordre alphabétique, la liste annuelle du département, ainsi que la liste des suppléants. Il envoie ces listes, avant le quinze décembre, au greffe de la cour ou du tribunal où se tiennent les assises (art. 14).

§ 2. *Composition de la liste du jury pour chaque session.*

La composition de la liste du jury pour chaque session s'opère de la manière suivante : Dix jours au moins avant l'ouverture des assises, le premier président de la Cour impériale ou le président du tribunal du chef-lieu tire au sort, en audience publique, sur la liste annuelle, les noms des trente-six jurés qui forment alors la liste de session. Il tire en outre quatre jurés sur la liste spéciale dont nous avons parlé (art. 17).

Cette liste doit être notifiée à l'accusé. Cette notification a pour but de fournir à l'accusé le moyen de connaître ses juges et de récuser ceux qu'il croirait dangereux pour sa cause; cette formalité est substantielle; si elle manque, il y a nullité de la procédure et de tout ce qui a suivi (C. d'inst. crim., art. 395). Il faut que la liste notifiée contienne au moins trente noms de jurés non excusés ni dispensés. Aux termes de l'art. 395, la liste doit être notifiée la veille du jour déterminé pour la formation du tableau; mais l'accusé ne pourrait pas se plaindre, si la notification lui avait été faite plus de vingt-quatre heures avant le jour déterminé pour la formation du tableau, puisque, grâce à ce délai plus long que celui fixé par la loi, il a eu plus de temps pour préparer ses réquisitions (Cass., 18 juin 1829; Dalloz, *Inst. crim.*, 1680, 2°).

La liste notifiée à l'accusé ne doit pas seulement contenir les noms de tous les jurés, il faut, de plus, que les noms portés sur la liste soient véritablement ceux des jurés qui doivent concourir à la formation du tableau définitif, et que les jurés soient désignés de manière à ce qu'il ne puisse s'élever aucun doute sur leur individualité; autrement l'accusé ne pourrait exercer le droit de récusation que d'une manière incomplète. La notification de la liste de jurés ne doit être annulée, qu'autant que les omissions ou inexactitudes ont pu préjudicier aux droits de l'accusé, et l'empêcher de discerner suffisamment les personnes qui y étaient inscrites (Cass., 11 juin 1825; Dalloz, n° 1703).

SECTION TROISIÈME.

Du mode de formation du tableau des douze jurés.

Pour former dans chaque affaire le tableau des jurés qui doivent être au nombre de douze (art. 394), la loi exige : 1° la constatation par appel de la présence d'un nombre de jurés suffisant pour fournir une liste de trente; 2° le dépôt dans une urne du nombre de jurés présents; 3° le tirage au sort de douze noms de jurés non récusés par l'accusé ni par le ministère public. Si le nombre de jurés est au jour du jugement réduit à moins de trente, par suite d'absence ou de toute autre cause, ce nombre est complété par les jurés suppléants, suivant l'ordre de leur inscription, en cas d'insuffisance par des jurés tirés au sort en audience publique, parmi les jurés de la ville inscrits sur la liste annuelle (L. de 1853, art. 18).

L'accusé et le ministère public ont le droit de récuser tels jurés qu'ils jugeront à propos, à mesure que leurs noms sortiront de l'urne. L'accusé ou son conseil, ni le procureur général ne pourront exposer leurs motifs de récusation. Les récusations que pourront faire l'accusé et le ministère public s'arrêteront, lorsqu'il ne restera que douze jurés (loi du 28 avril 1832; C. d'inst. crim. art. 399). Le jury de jugement sera formé à l'instant où il sera sorti de l'urne douze noms de jurés non récusés. Dès que le tirage de ces douze noms est terminé, le tableau est arrêté d'une manière définitive et irrévocable. Comme les jurés vont être appelés à délibérer, il devient nécessaire que l'un d'eux dirige la discussion et la délibération. Ce sera un des jurés, appelé le chef du jury. Le chef du jury sera le premier juré sorti par le sort, où celui désigné par les autres, du consentement de ce dernier (C. d'inst. crim., art. 342).

La loi a prévu le cas où les jurés ne se rendraient pas à l'appel qui leur est fait; elle porte, en conséquence, des peines contre les jurés défaillants. Tout juré qui ne se rendra pas à son poste sur la citation qui lui aura été notifiée, sera condamné par la cour d'assises à une amende, laquelle sera pour la première fois de 500 fr., pour la seconde de 1000 fr. et pour la troisième fois de 1500 fr. (art. 396). Le second paragraphe de cet article a été modifié par la loi de 1853, l'amende de 500 fr. peut être réduite par la cour à 200 fr.

Seront exemptés de l'obligation d'être jurés, ceux qui justifieront qu'ils étaient dans l'impossibilité de se rendre au jour indiqué. La cour sera juge de la validité de l'excuse (art. 397). Il ne faut pas confondre les excuses avec les dispenses et les cas d'exemption sur lesquels la cour statue également.

CHAPITRE II.

DES DROITS ET DES DEVOIRS DES JURÉS.

Les jurés ont le droit, comme ils ont le devoir, de suivre les débats, d'adresser, pour éclairer leur religion et se former une conviction, des questions aux témoins et à l'accusé. Mais ces questions doivent toujours être transmises par l'organe du président. Ils n'ont aucune autorité, aucune décision à rendre avant leur verdict. La direction des débats et toutes les mesures qui peuvent être nécessaires, appartiennent au président et à la cour d'assises.

Avant l'ouverture des débats, après que l'accusé a été amené, le président adresse aux jurés, debout et découvert, le discours suivant : «Vous jurez et promettez devant Dieu et devant les hommes d'examiner avec l'attention la plus scrupuleuse, les charges qui sont portées contre N..., de ne trahir ni les intérêts de l'accusé, ni ceux de la société qui l'accuse, de n'écouter ni la haine ou la méchanceté, ni la crainte ou l'affection ; de vous décider d'après les charges et moyens de défense, suivant votre conscience et votre intime conviction, avec l'impartialité et la fermeté qui conviennent à un homme probe et libre. » Chacun des jurés, appelé individuellement par le président, répondra, en levant la main : *Je le jure*, à peine de nullité. Les jurés doivent rester debout et découvert, pendant que le président leur adresse ces paroles (art. 312).

Immédiatement après, l'acte d'accusation sera lu et les débats commenceront. Une fois qu'ils sont entamés, la loi veut qu'ils soient continués sans interruption : aussi ne permet-elle aucune espèce de communication des jurés avec le dehors jusqu'après la déclaration. Le président de la cour d'assises n'est autorisé à suspendre les débats que pendant les intervalles nécessaires au repos des juges, des jurés et de l'accusé (art. 353). Mais cette disposition n'est pas complétement observée; la jurisprudence l'interprète en ce sens : que les jurés doivent s'abstenir de communiquer à qui que ce soit leurs observations sur l'affaire qui s'instruit, ainsi qu'ils en ont fait serment (Cass., 16 août 1811 ; 16 février 1812; Legraverend, t. 2, p. 186). Lors donc qu'une affaire est de nature à occuper plusieurs séances de la cour d'assises, c'est un devoir pour le président de rappeler aux jurés à la fin de chaque séance, et au moment où la cour se sépare, le serment solennel qu'ils ont prêté au commencement de la première audience.

CHAPITRE III.

DES ATTRIBUTIONS DES JURÉS ET DE LA POSITION DES QUESTIONS.

§ 1. *Des attributions des jurés.*

Un principe fondamental en cette matière, c'est que les jurés prononcent sur le fait, et les magistrats sur le droit. Mais le jury a-t-il le pouvoir d'apprécier le caractère légal du fait. Cette question est très-importante, car elle porte sur la ligne de séparation des attributions du jury et des fonctions des juges. On peut faire la distinction suivante : si le crime à vérifier par le jury consiste dans un fait purement naturel, c'est-à-dire dont les éléments existent indépendamment de toute loi positive, comme, par exemple, un meurtre, la vérification de l'accusation lui appartient entièrement; sinon, il doit, quant au fait, ne vérifier que ses éléments matériels, c'est ce qui a lieu en cas de faux; la cour d'assises alors apprécie, si aux éléments que le jury déclare exister s'applique le caractère légal constitutif du crime (M. Rauter, *Traité d'inst. crim.*, t. 2, n° 777). Selon d'autres auteurs (M. Bourguignon, *Jurisprudence des Codes criminels*, t. 2, dissertation), la criminalité du fait se confond avec sa moralité; l'appréciation de l'une et de l'autre appartient au jury, et la mission du juge consiste uniquement dans l'application de la peine au fait que le jury a déclaré punissable d'après la loi.

Le verdict du jury est obligatoire pour les juges, sauf les cas exceptionnels dont nous parlerons dans la suite. Il n'est susceptible d'aucun recours. La loi s'en rapporte à la déclaration de l'intime conviction des jurés; elle se désarme de toute sanction coercitive et extérieure, et place la sincérité de leur sentence sous la sauvegarde de leur conscience.

§ 2. *De la position des questions.*

Quand le président a terminé son résumé, il doit poser aux jurés des questions selon les règles que nous allons développer. La loi a pris soin de déterminer les différentes espèces de questions qui doivent être posées. Elles embrassent le fait principal de l'accusation et toutes les circonstances qui peuvent le modifier, de quelque manière que ce soit. Pour que l'accusation soit complétement vidée, il faut qu'il y ait eu des questions posées, non-seulement sur chacun des faits, sur chacune des circonstances, mais aussi sur les éléments essentiels de chaque fait, c'est-à-dire le fait matériel et l'intention criminelle; il faut demander si l'accusé est *coupable*. Ce mot résume à lui seul le fait et l'intention: son emploi dispense de la position d'une question intentionnelle distincte (art. 337).

Si des faits nouveaux résultent des débats, doivent-ils devenir l'objet d'une question à soumettre aux jurés? L'art. 338 semble l'exiger; mais il ne résulte pas de sa disposition que tous les faits quelconques dont l'instruction orale donnerait connaissance doivent ou puissent être soumis aux jurés. Il faut faire la distinction suivante: lorsque le nouveau fait découvert dans les débats constitue par lui-même un délit ou un crime essentiellement distinct de celui qui est porté dans l'acte d'accusation, il ne peut être la matière d'une question incidente à soumettre aux jurés (Cass., 16 septembre 1809, art. 271; Dalloz, n° 2505). Mais toutes les fois qu'il s'agit d'une circonstance aggravante quelconque, il y a lieu d'en soumettre la décision au jury (Legraverend, t. 2, p. 220).

Il y a des faits qui, lorsqu'ils sont déclarés constants, effacent complétement la criminalité. Ces faits prévus par la loi, doivent aussi faire l'objet de questions posées aux jurés. Il y a des crimes pour lesquels la loi ne se contente pas de l'intention générale nécessaire à toute culpabilité, mais qu'elle ne punit que lorsqu'il y a volonté précise d'accomplir tel dessein. Il faut alors que la question soumise aux jurés s'exprime explicitement sur l'élément de la volonté, c'est ce qui a lieu pour les coups et blessures portés volontairement (Cassat., 18 juillet 1840; Dalloz, n° 2563). De même, si l'accusé a moins de seize ans, le président doit poser la question de discernement (loi du 18 avril 1832).

Le président doit aussi soumettre aux jurés tous les faits qui sont de nature à modifier la peine. Ainsi les questions doivent être posées sur toutes les circonstances aggravantes, autrement l'accusation ne serait pas complétement vidée. Quant aux circonstances atténuantes, elles ont été introduites dans la loi, lors de la révision du Code en 1832. L'art. 341 en assure à l'accusé le bénéfice; mais, d'après cet article, il n'est pas posé une question concernant les circonstances atténuantes; il suffit que le président avertisse les jurés qu'ils peuvent en admettre, avertissement qui doit être donné à peine de nullité (Cassat., 9 juillet 1832; Dalloz, 2634).

L'art. 339 porte que, lorsque l'accusé aura proposé comme excuse un fait reconnu tel par la loi, le président devra à peine de nullité poser la question en ces termes: Tel fait est-il constant? Si la question d'excuse n'a pas été posée, les jurés ne peuvent pas la suppléer d'office dans leur déclaration; ils ont seulement le droit d'énoncer l'existence de circonstances atténuantes (Cassat., 9 mai 1834; Dalloz, 2680).

Le président doit lire publiquement les questions, donner aux jurés l'avertissement concernant les circonstances atténuantes, puis leur remettre les questions écrites et les pièces de la procédure, en les avertissant que leur vote doit avoir lieu au scrutin secret.

CHAPITRE IV.

DE LA DÉLIBÉRATION ET DE LA DÉCLARATION DES JURÉS.

SECTION PREMIÈRE.

De la délibération du jury.

Lorsque toutes les formalités prescrites par la loi ont été remplies, les jurés rentrent dans leur salle pour y délibérer. Le travail auquel ils se livrent alors, se compose de deux opérations: la délibération et le vote. Quand ils votent sans discussion préalable, les deux opérations se résument en une seule, le vote.

Les jurés, porte l'art. 343, ne pourront sortir de leur chambre qu'après avoir formé leur délibération. Tout le temps qu'ils y resteront, ils ne pourront communiquer avec personne. La loi du 9 septembre 1835 a posé le principe du vote secret. Le chef du jury, d'après l'art. 345, lira successivement chacune des questions posées comme il est dit en l'art. 336, et le vote aura lieu au scrutin secret, tant sur le fait principal et sur les circonstances aggravantes, que sur l'existence des circonstances atténuantes. Quant au mode du vote, le jury votera par bulletins écrits et par scrutins distincts et successifs. Chacun des jurés, appelé par le chef du jury, recevra de lui un bulletin ouvert portant ces mots: *Sur mon honneur et ma conscience, ma déclaration est*: Il écrira à la suite le mot *oui* ou le mot *non*. Le chef du jury dépouillera chaque scrutin en présence des jurés qui pourront vérifier les bulletins. Il en consignera sur-le-champ le résultat en marge ou à la suite de la question résolue. S'il arrivait que dans le nombre des bulletins il s'en trouvât sur lesquels aucun vote ne fût exprimé, ils seraient comptés comme portant une réponse favorable à l'accusé. Il en serait de même des bulletins que six jurés auraient déclarés illisibles (art. 2, 3, 4, 5, loi du 13 mai 1836).

Quel nombre de voix est nécessaire pour former la délibération? La législation a beaucoup varié sur la proportion nécessaire pour la condamnation de l'accusé. La loi du 9 juin 1853 a supprimé toute distinction entre les différentes espèces de questions; elle veut que la déclaration du jury se forme dans tous les cas et pour tous les faits et circonstances à la simple majorité. La déclaration du jury constate cette majorité sans que le nombre de voix puisse y être exprimé. Ces formalités sont substantielles et doivent être observées à peine de nullité. La déclaration du jury doit être rédigée par écrit et datée; elle demeure annexée à la procédure et fait foi de son contenu.

53

SECTION DEUXIÈME.

De la déclaration du jury et de ses effets.

Lorsque les opérations de la délibération sont terminées, les jurés
entrent dans l'auditoire; ils reprennent leur place et le président de la
cour leur demande quel est le résultat de leur délibération. Le chef du
jury se lève, et, la main placée sur son cœur, il dit: *Sur mon honneur
et ma conscience, devant Dieu et devant les hommes : Oui l'accusé est
coupable. Non l'accusé n'est pas coupable* (art. 348). La lecture de la déclaration doit avoir lieu en audience publique en présence de la cour,
de tous les jurés, du ministère public et du défenseur, mais non de
l'accusé. La déclaration une fois prononcée, devient irrévocable et appartient à l'accusé ou à la société (Cassat., 31 juillet 1836; Dalloz,
3244, n° 3). La déclaration du jury sera signée par le chef, et remise
par lui au président en présence des jurés. Le président la signera et la
fera signer par le greffier.

La déclaration du jury est la base de l'arrêt que prononce la cour
d'assises; elle décide de l'acquittement ou de la condamnation de l'accusé, soit sur le fait principal, soit sur les circonstances atténuantes ou
aggravantes. Mais pour produire ces effets, il faut qu'elle soit régulière.
Une déclaration non conforme aux principes de la loi, obscure, incer-
taine, contradictoire, ne peut être maintenue, et si la cour d'assises
en faisait la base de sa condamnation, son arrêt serait frappé de nullité. Toutes les fois donc que la déclaration du jury est irrégulière, contradictoire, insuffisante, la cour d'assises peut et doit même renvoyer
les jurés dans leur chambre pour leur demander une nouvelle déclaration. C'est un point établi depuis longtemps par la jurisprudence
(Cassat., 24 novembre 1812; 20 novembre 1828, etc.; Dalloz, 3314,
n° 2-3317, n° 3). Il est même un cas où la cour peut annuler la déclaration du jury, c'est celui où l'accusé est reconnu coupable, et où la cour
est convaincue que les jurés, tout en observant les formes, se sont

trompés quant au fond; elle peut déclarer alors qu'il est sursis au jugement et renvoyer l'affaire à une session suivante, pour y être soumise à un nouveau jury dont ne peuvent faire partie aucuns des jurés qui ont pris part à la déclaration annulée.

Hors ces cas spéciaux, la déclaration du jury n'est susceptible d'aucun recours; elle devient la base de l'arrêt de condamnation ou de l'ordonnance d'acquittement. A cette phase de la procédure, finissent la mission et les pouvoirs des jurés; ils n'ont plus alors aucun caractère et rentrent dans la classe des autres citoyens.

Vu, par nous, président de l'acte public.
Strasbourg, le 6 août 1858.
   HEPP.

Permis d'imprimer.
Strasbourg, le 7 août 1858.
Le Recteur, DELCASSO.

9 782019 629786